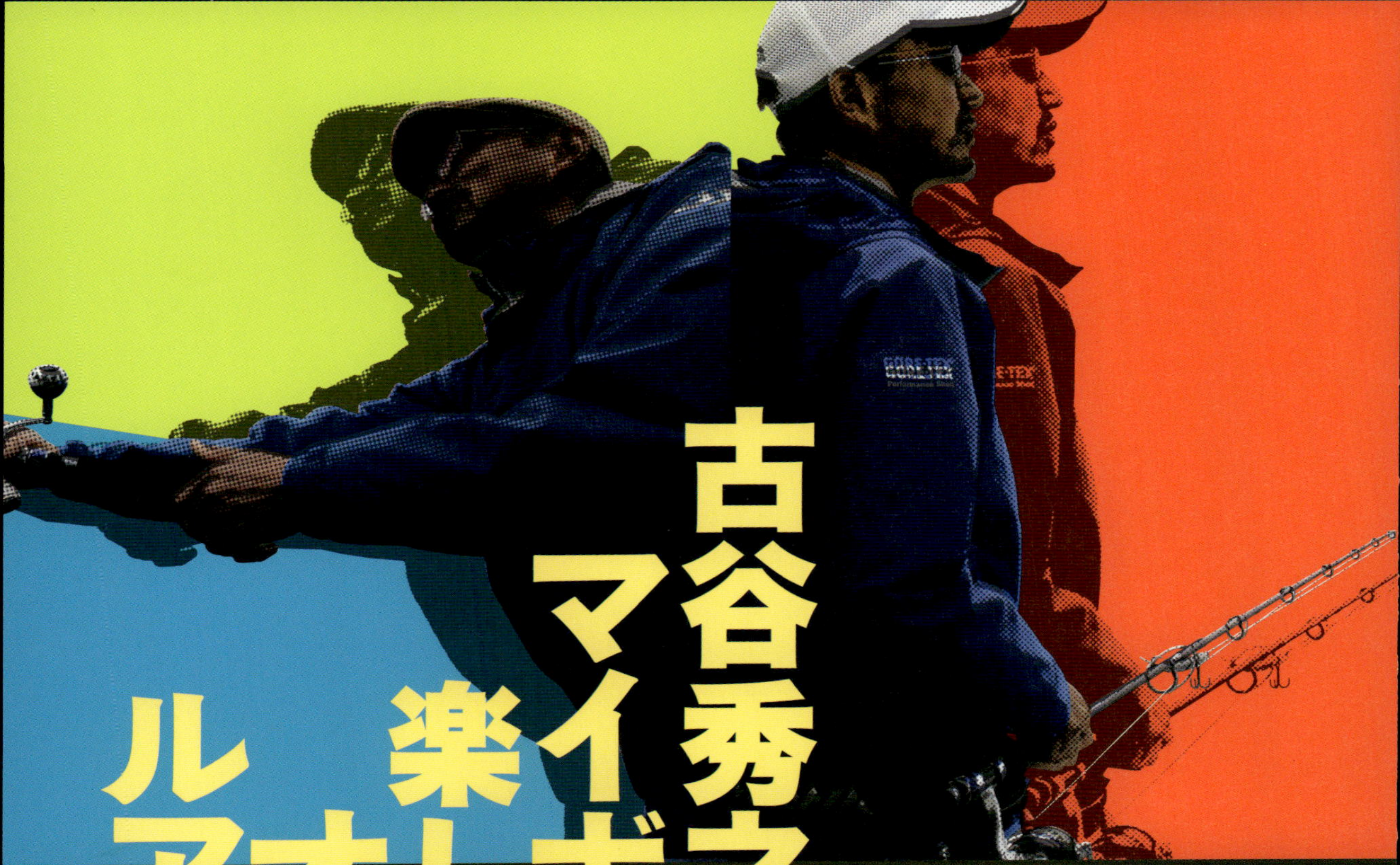

古谷秀之のマイボートで楽しむオフショアルアーゲーム

古谷秀之 著

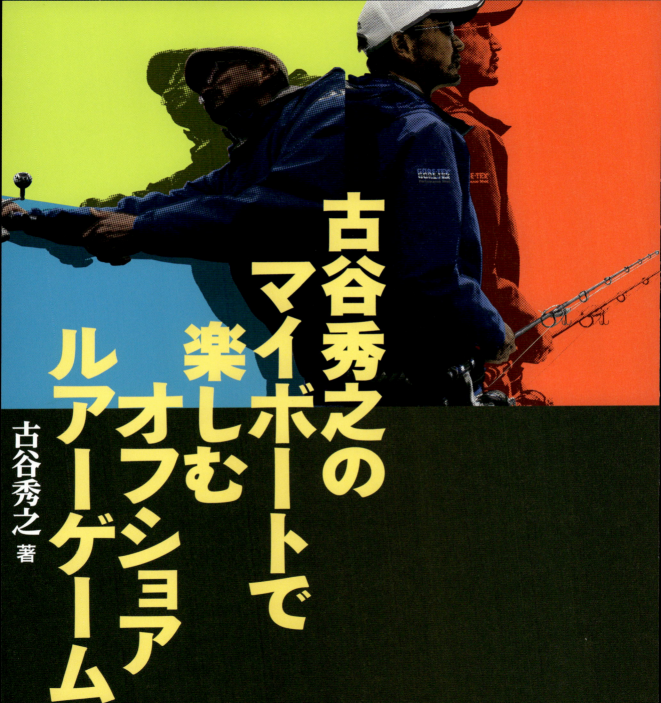

僕はジギングを始めて、かれこれ20年以上になる。始めたころはナイロンラインが全盛で、ねらえる水深は50メートルくらいが限度だった。PEラインが登場してからジギングはどんどん進化して、今では水深500メートルと、深海の域に達している。

ねらえる魚種も、20センチくらいのカサゴから30キロオーバーのマグロまで、魚をエサとするフィッシュイーターはすべてねらうことができる。また、普段は違うエサを食べていても、時季によってはジグやトップでねらえる魚種もある。

キャスティングも、ナイロンより細くて強いPEラインのおかげで、ルアーの飛距離が飛躍的に伸びた。

まだまだジギング、キャスティングは発展途上の釣りで、これから驚くような釣法が出てくる可能性を秘めている。

僕が経営するルアーショップ「HEAD&TAIL」は、大阪府泉南市にある。海の近くで、周辺にはマリーナも多い。15年くらい前から、マイボートオーナーのお客さんも来店するようになった。

初めは店内にある大物クロマグロの写真やGTの剥製に圧倒されるようだが、近くの大阪湾でブリやマダイ、クロマグロまで釣れることがわかると、深みにはまっていくボートオーナーが多い。

それまではエサやサビキ釣りでアジやサバ、タチウオをねらっていたのに、いきなりの釣行で1メートルのサワラやブリ、70センチ級のマダイ、20キロオーバーのクロマグロまで釣り上げた方もいる。それはたまらないだろう。

初めてジギングに挑戦するボートオーナーには、僕が同乗して操船や釣り方のレクチャーを行う。オーナーや同乗者の方が大物を釣り上げて喜ぶ様を見ると、自分が釣るのとはまた違う快感を感じるようになった。ある程度慣れてくると、オーナー自身もゲストを沖に連れて行き、同じ喜びを感じていることだろう。

マイボートではポイント、潮、天気など、遊漁船に乗るのとは違い、すべてを自分で決めるところに難しさと面白さがある。

初めてで、まったくわからないときは、遊漁船に乗ればポイント選択や流し方を学べるし、よく釣る人がいれば、シャクリ方やジグの選択などを教えてもらってもいいだろう。自分だけの釣行では気付かないことがあるので、まさに目からウロコと感じることもあると思う。

ジギング、キャスティング

古谷秀之（ふるや・ひでゆき）

1957年大阪生まれ。海のルアーフィッシングは高校生のころから。大物記録はGT57kg、キハダ45kg、クロマグロ27kgなど。あらゆるオフショアルアーゲームに精通し、手前船頭のボートフィッシングも得意で、自分の操船でゲストに釣ってもらったときに快感を覚える。大阪府泉南市でソルトルアー専門ショップ「HEAD＆TAIL」を経営する傍ら、総合釣具メーカーDAIWAのフィールドテスターとして"ソルティガブロス"のリーダーを務める。釣り以外の趣味はクルマ、サーフィン、観葉植物栽培、木工など。

問い合わせ：「HEAD＆TAIL」
TEL：072-483-9533
http://head-tail.com/

は、対象魚に高級魚が多いことも人気の理由だ。多くのボートオーナーは、釣りのあとの料理も楽しみの一つにしている。大阪湾を例に挙げると、マダイやブリ、サワラ、タチウオがねらえ、少し足を延ばして太平洋側まで出ると、キハダやクロマグロ、カツオ、ハタ類などがねらえる。

最近では中深海を攻めるボートオーナーもいて、アカムツやキンメダイまでスロージギングで釣っている。食卓はさぞかし素晴らしい魚料理でにぎわっていることだろう。

本書の後半には、僕が月刊『ボート倶楽部』で連載していた「関西発 ミラクルボート ゲームス」の記事を集録した。フィールドは主に大阪湾や紀伊水道だが、そこで紹介するノウハウは、みなさんのフィールドでも必ず役に立つはずだ。この本を読んで基本をマスターし、マイボートルアーゲームを極めていただきたい。

古谷秀之

オフショアルアーゲームにおいて、
マイボートは究極の
アプローチ方法と
言っても過言ではない。

White

DAIWA
GORE-TEX

自然が相手だ。いつも、うまくいくとは限らない。

仲間と過ごす、かけがえのない時間。

YAMAHA
225

自分で考え、選び、
実行したその先には、
感動が待っている。

本書は、月刊『ボート倶楽部』2005年1月号～2015年10月号の連載
「関西発 ミラクルBOAT GAMES」をベースに加筆、修正したものです。

目次

CONTENTS

マイボートで
オフショアルアーゲームを
楽しむために

**ボート、艤装、タックルなど、マイボートでオフショアルアーゲームを楽しむためには、
さまざまな準備や知識が必要だ。
基本をおさらいして、万全な状態で出航しよう！**

12
PULL
SHIMANO

ニッサン・サンフィッシャー33

荒れた海でもよく走り、風立ち性能も申し分なし！ バウスペースが広いから、大人数でも楽しめる

ヤマハYF-24

24フィートの小型艇にスパンカーを装備。小型艇の機能性や静かさで、マグロや青もののナブラ撃ちにも最適！

ボート選び&艤装のポイント

どんなボートがオフショアのジギングやキャスティングに適しているか。基本的には、ウェイクボードなどに使う20フィート程度の小型艇から、50フィートクラスのフライブリッジ付きの大型艇まで、どんなボートでもＯＫだ。つまり、今ご自身が乗っているボートで、十分にオフショアルアーゲームが楽しめる。

ただ、これからジギングやキャスティング用に新艇、中古艇を問わず、ボートの購入を考えているなら、ヤマハDFRや、ヤンマーEXシリーズのような、中型のフィッシングタイプがベスト！

基本的な艤装としては、釣った魚をおいしく食べるためにも、イケスはぜひほしいところ。よく釣れるときは、そのまま魚をイケスに入れて釣り続けられるので、釣りの効率もいい。バウレールは、しっかりとしたものがあれば、バウからのキャスティングを安全に行うことができる。そして、夏場の釣りに欠かせないのが、日よけのオーニング。これがないと灼熱地獄だし、あれば雨の日も快適！

このほか、ロッドホルダーはタックル数セット分を取

ヤマハSF31

クルーザータイプには珍しいウオークアラウンドだから、複数人でも広々と釣りが可能。２機のエンジンを駆使して、船首を風に向かせやすい

フライブリッジ

フライブリッジは見通しがよく、快適な操船はもちろん、トリヤマやナブラを探す際に非常に有利

イケス

魚をおいしく保つにはイケスが重要。特にサバやアジ、ヒラメ、コチ、マダイなどは鮮度が命。また、釣り上げた魚をいちいち締めなくてよいため、短い時合でも効率よく釣りができる

GPS魚探

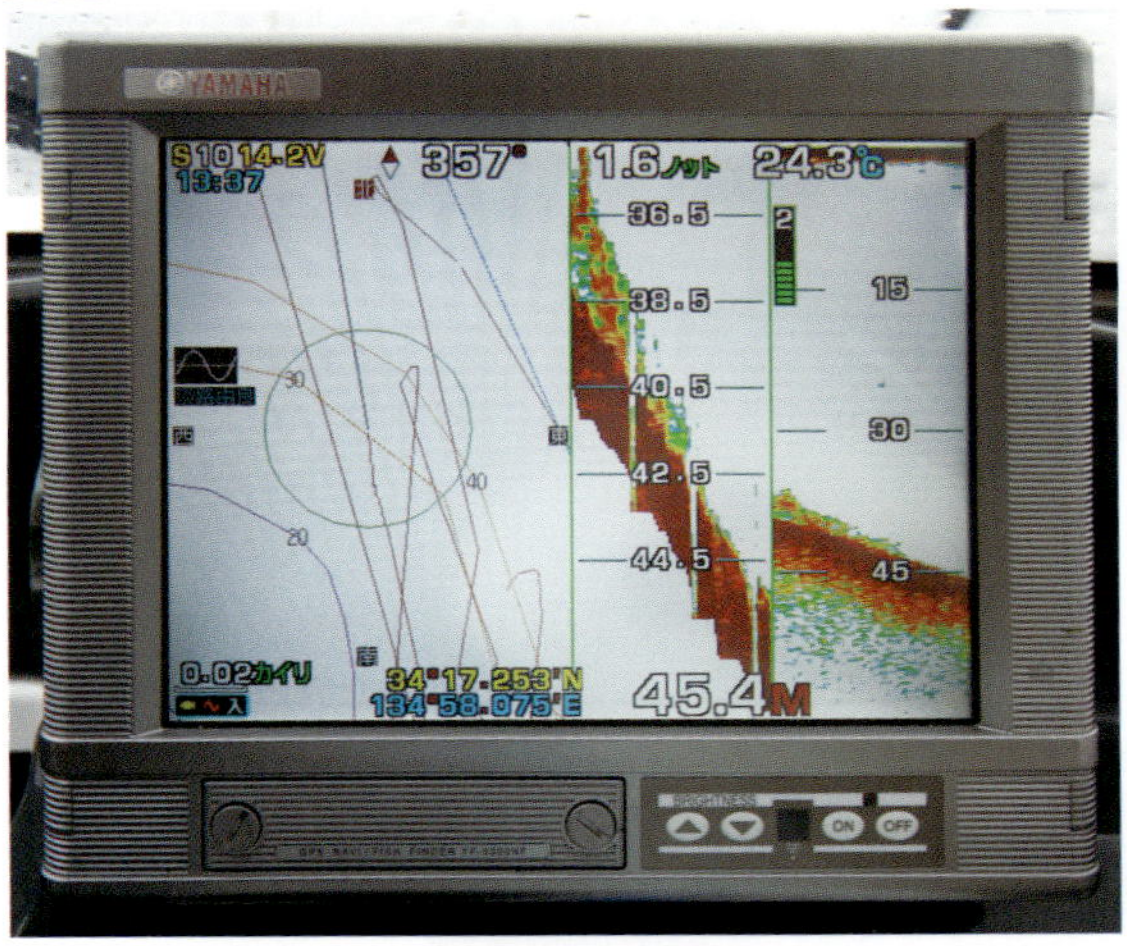

安全面でも必需品。GPS画面に航跡を残すと、釣れた流しと同じコースを流せる。魚探はベイトやターゲット本体、底の起伏、底質、水深などがわかる。魚探で見つけた小さな瀬や魚礁、釣れた場所などにマークを入れれば、マイポイントを作ることもできる

ロッドホルダー

ロッドホルダーはいくつか取り付けておきたい基本的な艤装品の一つだ。タックルの転倒や踏みつけ、落水防止になる

レール

適度な高さの丈夫なレールがあると、体を預けられるから安心してルアーをキャストでき、安全性も高い

スパンカー

できればスパンカーは装備したい。船首が風上に向くため、揺れが少なくなり釣りやすい。また、横流しの場合の、半分くらいのジグの重さで済む。ただし、漁船の船団に入るのはご法度だ

アフトステーション

操船しながらでも釣りがしやすいアフトステーションは、一人での釣行に最適。これにヤマハ・フィッシングサポートリモコンなどの操船アシスト装置が加われば、さらに快適になる

り付けておきたい。急な揺れで、舷に立てかけたタックルが落水したのを、過去に何度も見ている。また、ほとんどのボートに装備されていると思うが、GPS魚探は必需品だ。

さらに、スパンカーやアフトステーション、ヤマハ・フィッシングサポートリモコンなどの操船サポートシステム、ソナーがあれば完璧だろう。

スパンカーは、風が強い日や水深80メートル以深のポイントで特に必要性を感じる。スロージギングでアカムツなどの中深海釣りをしたいなら、スパンカーやシーアンカーは不可欠だ。

スパンカー流しをしている船団に入って釣りをする場合も、スパンカーが必要。スパンカーがないとほかのフネと流れる速度や方向が異なるから危険だし、他船に叱られることもあるだろう。

ただ、水深50メートルまでの浅場や凪の日は、スパンカーがなくても大丈夫。タイラバ釣法やジギングでは、スパンカーを使わずにボートを流す「ドテラ流し」でもよく釣れるのだ。

ソナーは、最近かなり価格が下がり、サイズ面でも30フィート以下のボートへの装備もしやすくなった。ソナーのよいところは、魚群が自艇から見てどの方向にいるかわかることで、ベイト反応やターゲット本体、魚礁などもわかりやすい。

タックルをそろえよう
ジギング編

ロッド
ソルティガ BJ 66XHB（DAIWA）
リール
リョウガ BJ C2025PE-SH（DAIWA）

ライトジギング用ベイトタックル。マダイや小型青もの、タチウオなどに適している。長さは6フィート前後で、もっとパワーのある大型青ものや底もの用もある。ベイトタックルは、スピニングよりアタリのダイレクト感があって面白い。着底もわかりやすいので、初心者にも最適

ロッド
紅牙MX 69MHB-METAL（DAIWA）
リール
紅牙ICS 103（DAIWA）

タイラバ用タックル。ロッドは6フィート前後で、ライトジギング用より繊細。リールは、紅牙シリーズのような水深&巻き上げスピードカウンター付きが便利。ハンドル1回転につき60センチ巻き上げるくらいのローギアがよく、ハイギアだとアタリがあったときに、トルクがないのでハンドルを回す手が止まってしまうのだ。ミチイトはPE0.8号がメイン

ジギング用タックル

ジギングタックルはベイト、スピニングがある。僕がHEAD&TAILでボートオーナーにおすすめする最初の1本は、6・5フィートくらいのスピニングロッド。ロッドやスピニングリールは、例えばDAIWA製だと、それぞれ1万5000円くらいで満足のいくものがあり、本格的なキャスティングタックルを持たなくても、不意のナブラにキャストできたりもする。いきなり最高級品を買う必要はない。いずれは複数のタックルが必要になるので、まずはセットで3万〜5万円が妥当ではないだろうか。

ベイトタックルは操船しながらの釣りに向いており、スピニングタックルに比べて底を取りやすい。また、底を取ってから親指でスプールを押さえてジグを浮かせ、それからハンドルを回してクラッチを入れることで、根掛かりを減らすこともできる。おすすめできるベイトリールは3万円台からなのでスピニングリールより高価だが、ロッドは1万円くらいからある。

特にタイラバ釣法はベイトタックルがよく、DAIWA・紅牙シリーズはロッドが約1万5000円から、リールは約2万8000円からある専用タックルで、超おすすめ！

①太刀Nジグ（HEAD＆TAIL）
②ソルティガ サクリファイスII スローナックル（DAIWA）
③TGベイト（DAIWA）
④ソルティガ サクリファイスII・スティックSL（DAIWA）

紅牙 ベイラバーフリー（DAIWA）
ジギングに近い釣法にタイラバ釣法があり、近年は遊動タイプのタイラバが主流。リールのハンドルを回すだけなので、女性やジギングはしんどくて……という方にも人気！ マダイが最も簡単に釣れ、根魚や青ものも釣れる

ジギング用ルアー紹介

①太刀Nジグ（HEAD&TAIL）

タチウオやスルメイカベイト時のロングジグ。特に、ブリやヒラマサに有効。大きくシャクると横に大きく跳び、独特のアクションで魚を誘う。

②ソルティガ サクリファイスII スローナックル（DAIWA）

近年はスロー系ジグも人気。このタイプは小さくシャクってもジグが横を向いて、ヒラヒラとゆっくりフォールする。特に底もののハタ類などはこの動きに弱い。

③TGベイト（DAIWA）

イワシを模したショートタイプ。これは比重の高いタングステン製のため、小さくて重く、小さなイワシがベイトのときは強烈に釣れる。イワシに着いたマダイをこれほど釣れるジグは、ほかにない感じ。フォールさせずに、ワンピッチで巻き続けるとヒットが多い。

④ソルティガ サクリファイスII・スティックSL（DAIWA）

少し大きいアジやイカがベイトのときのセミロングタイプ。ブリからカンパチ、ヒラマサねらいで最初に使うパイロット的なルアー。ロングジャークやワンピッチを取り入れたコンビネーションジャークで、渋い青ものも口を使う。慣れないうちは根掛かりが多いので、フロントフックのみがよいだろう。根掛かりが少ないポイントではリアフックを付けるほうが有利。潮が緩かったり、水温が低く食いが渋いときにも有効！

タックルをそろえよう
キャスティング編

ロッド
ソルティガ ドラド MO83S・F（DAIWA）
リール
ソルティガ 4000H（DAIWA）

青もの～20キロくらいの小型マグロ用キャスティングタックル。ロッドは長さ8フィート前後、キャストウエート20～80グラム程度で、穂先が軟らかいものが、ダイビングペンシルを飛び出さずにシャクれるので使いやすい。リールはDAIWAなら4000～5000番クラスで、メインラインはPE4～5号

キャスティングタックル

海域によってはなくても大丈夫なキャスティングタックル。前述したように、少し長めのジギングロッドでも、リーダーを短くすれば結構キャストすることができるのだ。

とはいえ、太平洋のマグロ、シイラ、カツオ、日本海のブリ、ヒラマサねらいでは絶対必要なタックル。瀬戸内海でもイワシの時季はボイルが起こりやすいので、1タックルあってもよいだろう。

マグロねらいは、大きい遊漁船よりも小回りが利くプレジャーボートのほうがナブラに着けやすいし、浅場のヒラマサなどにも有利だ。本格的にマグロ、大型のヒラマサをねらうには、ロッドは8フィート程度で100グラムのルアーが投げられるもの。リールはPEライン4～6号が300メートル巻けるスピニングリールで、DAIWAなら5000～7000番クラスだ。ロッドは2万円くらいからあるが、リールは大物用なので強度が必要なため、最低5万円はする。

ライトなカツオやワラサねらいのロッドは、長さ7～8フィートで、キャストウエートは20～80グラム。リールはPEライン2～3号を300メートル巻けるものがよく、DAIWAなら3500～4000番。ともに、1万5000円くらいから選べる。

キャスティング用ルアー紹介

①ソルティガ ドラドスライダー マイスターエディション（DAIWA）

ウッド製の、22センチの大型ペンシル。ベイトがサンマやスルメイカ、トビウオのときに効果抜群！ ヒラマサ、マグロ、ブリ、沖縄ならGTが釣れる。ロッドをシャクると潜り、しばらくすると浮き上がる。基本はこの繰り返しでねらう。手作りなので7000円以上のもの

ロッド
ソルティガ TUNA80S・F（DAIWA）
リール
ソルティガ エクスペディション 5500H（DAIWA）

マグロ用キャスティングタックル。ロッドはキャストウエート50～100グラム程度で、長さは8フィート前後。バットがしっかりしたものがよく、バットが軟らかいと、マグロが円を描いて回るとき、リフティングに時間がかかる。リールはDAIWAなら6000番クラスで、メインラインはPE5～8号

が多いのが難点か。

②トミペン120FDP（HEAD&TAIL）

ウッド製の、12センチ程度の小型ペンシル。イワシがベイトのとき、ブリなどに効果的。マグロやヒラマサ、ブリなどに効果的。もちろん、シイラやカツオねらいにも。やはり、5000円以上するものが多い。

③オーバーゼア ドリフトフォール（DAIWA）

シンキングペンシル。イワシに着いたブリやマグロのナブラにキャストして、そのまま水平フォールさせる釣り方ができる。ナブラにキャストしての速巻きもよい。ほかにも、フロント重心や飛距離重視のリア重心のものもある。

④T・D・ソルトペンシル ドラドチューン（DAIWA）

12センチのフローティングペンシル。量産品だが、シイラをはじめ、マグロやカツオ、ブリなどに効果がある。価格も2000円までとお手ごろなので、初めの1本に最適だ。

⑤ソルティガ バブルメイカー（DAIWA）

ペンシルポッパーと呼ばれるルアー。引くことにより泡を出し、シャクるとボコッ、とポップ音を出して魚を誘う。特に、海が荒れているときや、魚が20メートル以上沈んでいるときに効果的。マグロ、ブリなどをねらう。

⑥ソルティガ ドラドペンシル RS（DAIWA）

やや大きめ、15センチくらいのペンシル。ベイトがサヨリや大型イワシのときに効果的。近年はやりのスケルトンボディーで、シルエットが小さく見える利点もある。

その他のマストアイテム

100円均一ショップで売っているペンシルケース

少し加工して、小物入れに使用。メッシュになっているので、使用したジグやフックもそのまま水をかけることができる。同じように、ホームセンターなどにもいろいろと釣りに便利なグッズがある

僕がタックルボックスに使用している大型の工具箱。ジグケースや小物類、リーダー、アシストフックケースなどが入り、これはあると便利。価格も3,000円くらいから。タイラバ釣法などでは、これをイス代わりに使うこともできる

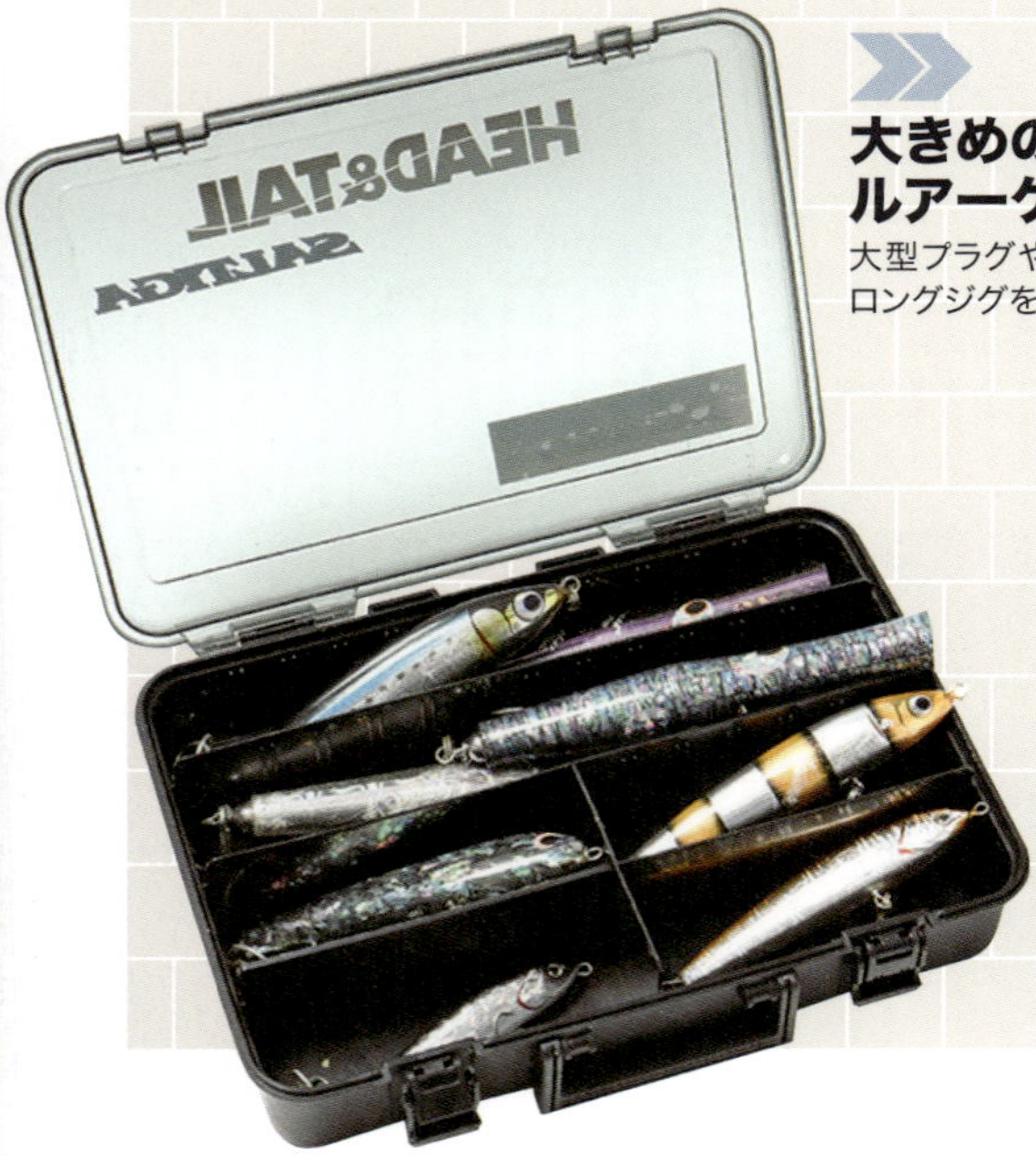

大きめのルアーケース

大型プラグや30センチくらいのロングジグを入れるのに便利

ジグケース

小さめのジグを入れるのに便利。アシストフックを入れたり、スプリットリングや溶接リング、スイベルなどを入れたりして、小物入れとしても使える

スプリットリングプライヤー（左）、プライヤー（中）、ニッパー（右）

スプリットリングプライヤーは、ルアーフィッシングでは必須。手で魚からフックを外すのは危険なので、そうした際にはプライヤーを使用する。ニッパーは、フックが指に刺さったときなど、フックを切って抜くのに重宝する。深く刺さったときはそのまま病院へ！ 神経、血管などが損傷する恐れがあるので、自分で抜かないこと

ファイティングベルト（ジンバル）

大型青ものやマグロは、これがないとロッドが腹に当たり、痛くてファイトできない。大物ねらいには必携！ 安いものなら3,000円くらいからあるので、ボートに1個積んでおくとよいだろう

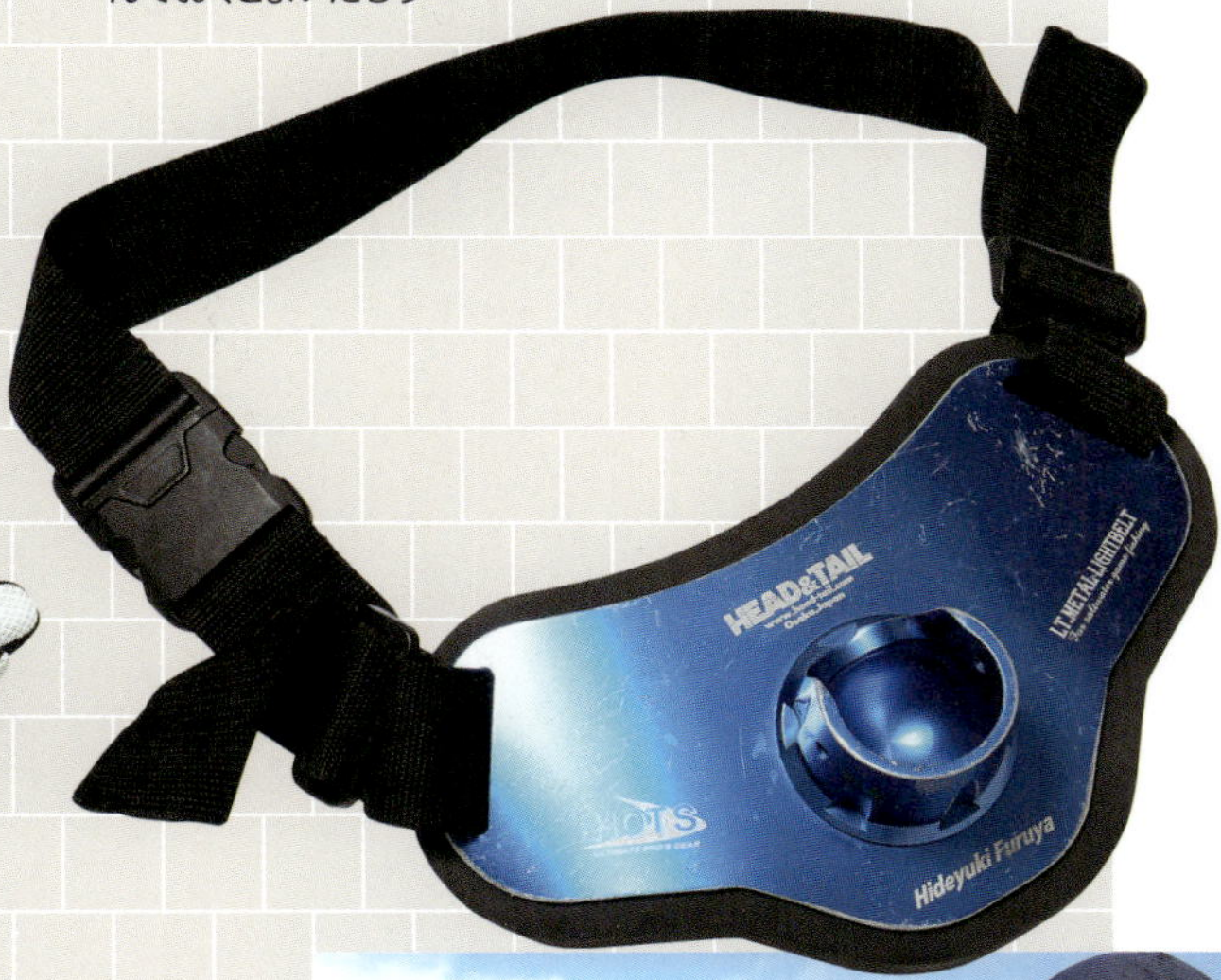

グローブ

ファイト時などにできる手のマメを防止。また、マグロなど大物がヒットしたとき、手でスプールを押さえると火傷するので、安全のためにも用意しておきたい

ライフジャケット

ボートフィッシングにおいて最も重要。写真はウェストタイプだが、ベストタイプのほうが安全性が高いと思われる。ボンベには使用期限があるので注意！

その他のマストアイテム

左から、魚締め用ナイフ、魚締め具、魚のエア抜き、フィッシュグリップ、フック外し

ナイフは血抜きの必須アイテム。締め具は握りやすいものがよい。魚のエア抜きは、特にマダイをイケスで生かす際、肛門から空気を抜くためのもの。フィッシュグリップは、サワラなどの歯が鋭い魚を持つ場合や、記念撮影にも便利。フック外しは、サバやエソなどの魚に触れずに、簡単にフックを外すことができる

ランディングネット

これも必需品。オフショアルアーゲームは大型の魚が多いので、口径60センチ以上のものを用意。マグロねらいにはギャフがよい。30キロ以上の大物には銛があると安心だ

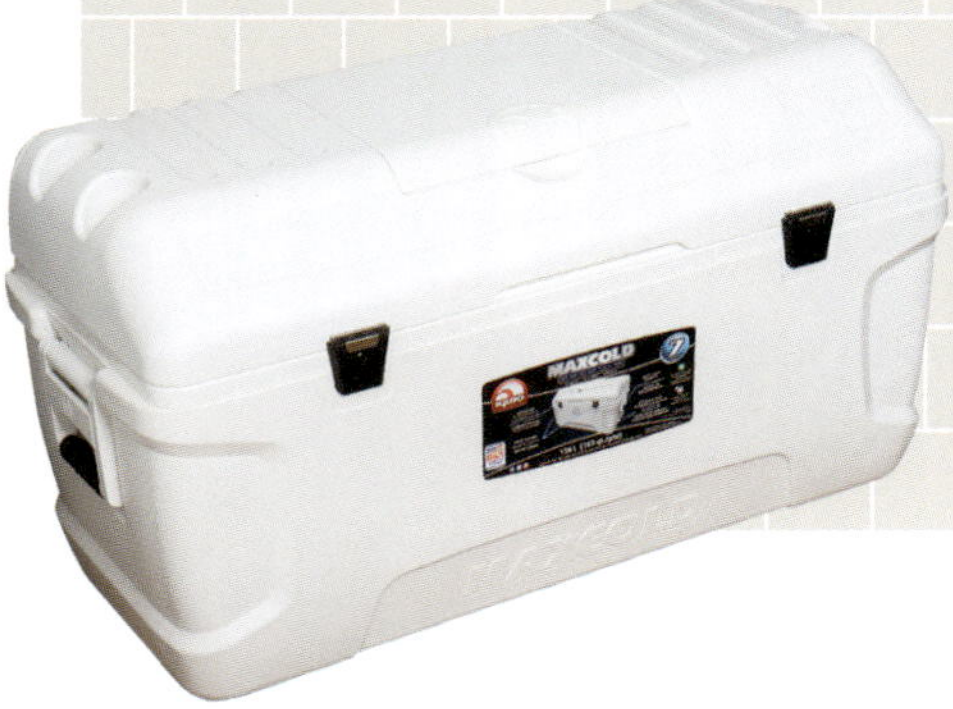

クーラーボックス

釣りをするボートオーナーは必ず持っていると思うが、ジギングの場合はアベレージが70センチくらいの魚が多いので大型がよい。50リットルは欲しいところだ。写真は、僕がマグロ用にしているのイグルーのクーラーボックス。低価格が魅力だ

偏光サングラス

マグロや青もののナブラや、トリヤマを見つけるのに必要。紫外線から目を守るためにも効果的だ。複数人でキャスティングする場合は、誤って飛んできた他人のルアーやフックから目を守るためにも、帽子とセットで着用したい

大物用極太リーダー（上）、プライヤー（下左）、圧着ペンチ（下中）、スリーブや大型スプリットリング（下右）

いずれも大物用。リーダーは、マグロねらいで使用する100ポンドテスト（以下、ポンド）以上の極太仕様。プライヤーは300ポンド以上のリングでも開けられるもの。圧着ペンチはスリーブ止めの際に使用する。スプリットリング、スリーブ、溶接リングなどは、ケースに入れると使いやすい

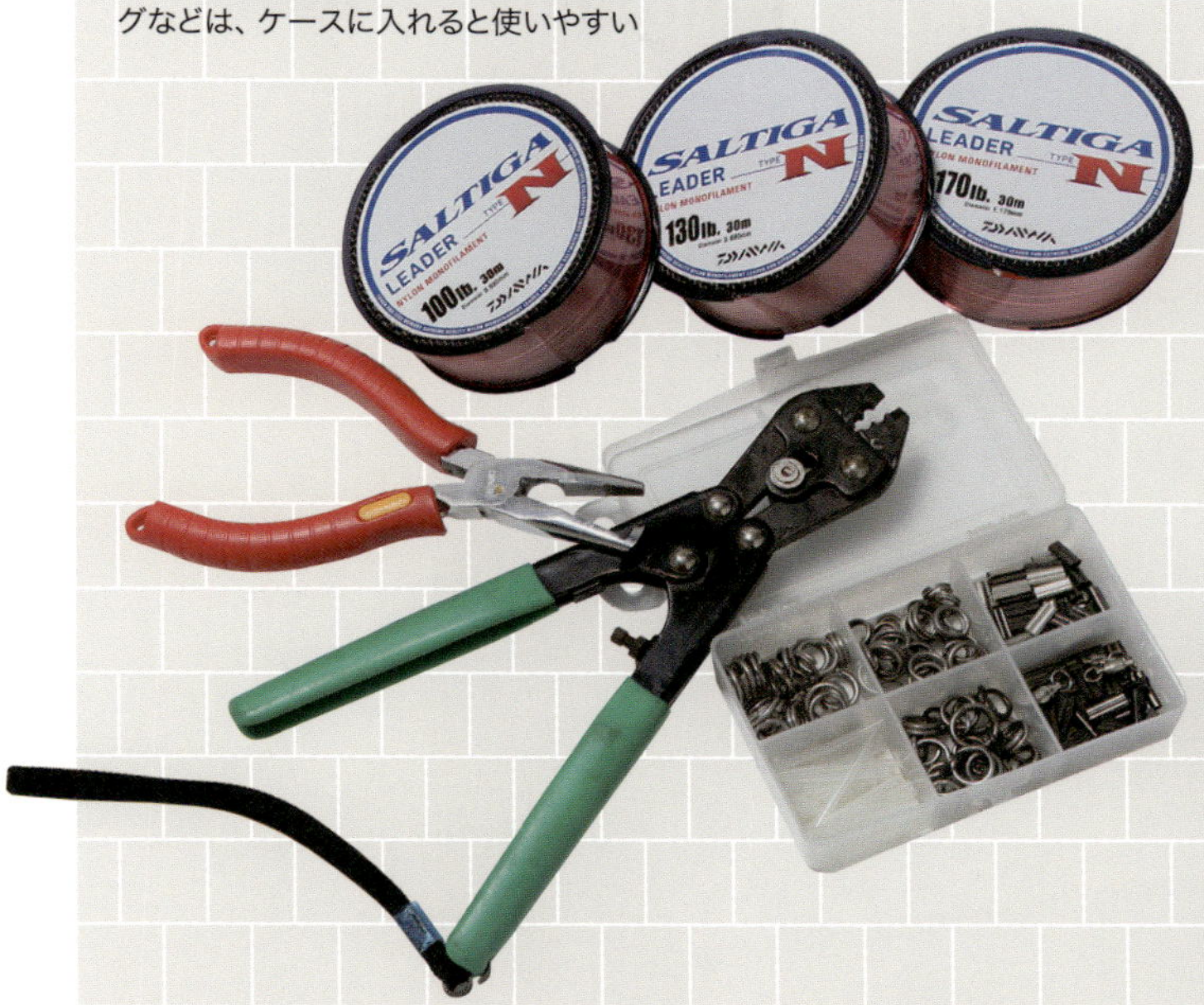

替えスプール

特にキャスティングではライントラブルが発生しやすいので、リールと同じ号数のラインが巻かれたスプールを、予備に1個ずつ持っていこう。スプールケースには専用品もあるが、100円均一ショップなどにも代用できるグッズがある

データを記載する

ラベルに、スプールにイトを巻いた日付や号数、長さなどを記入しておく。これがないと、ラインを巻いた時期や太さなどがわからなくなる

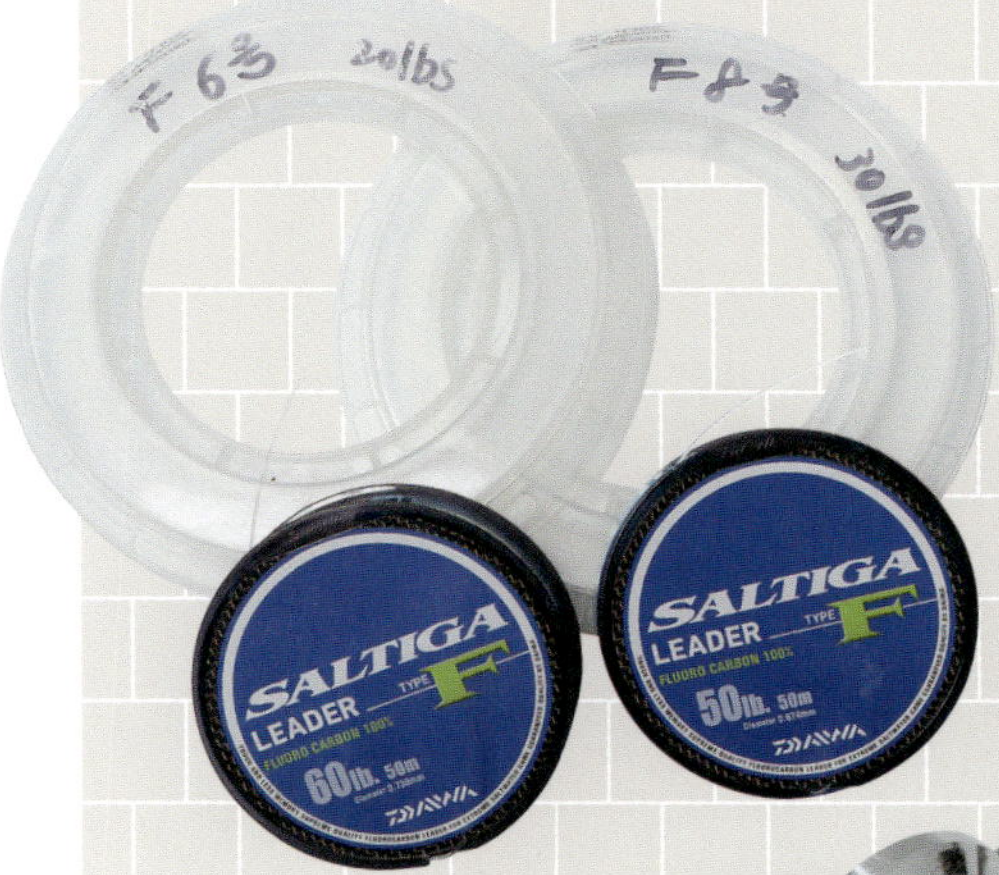

リーダー

素材はナイロンとフロロカーボンがあり、軟らかいナイロンラインはキャスティング用。硬くて伸びにくく、根ズレに強いフロロカーボンラインはジギングで使用

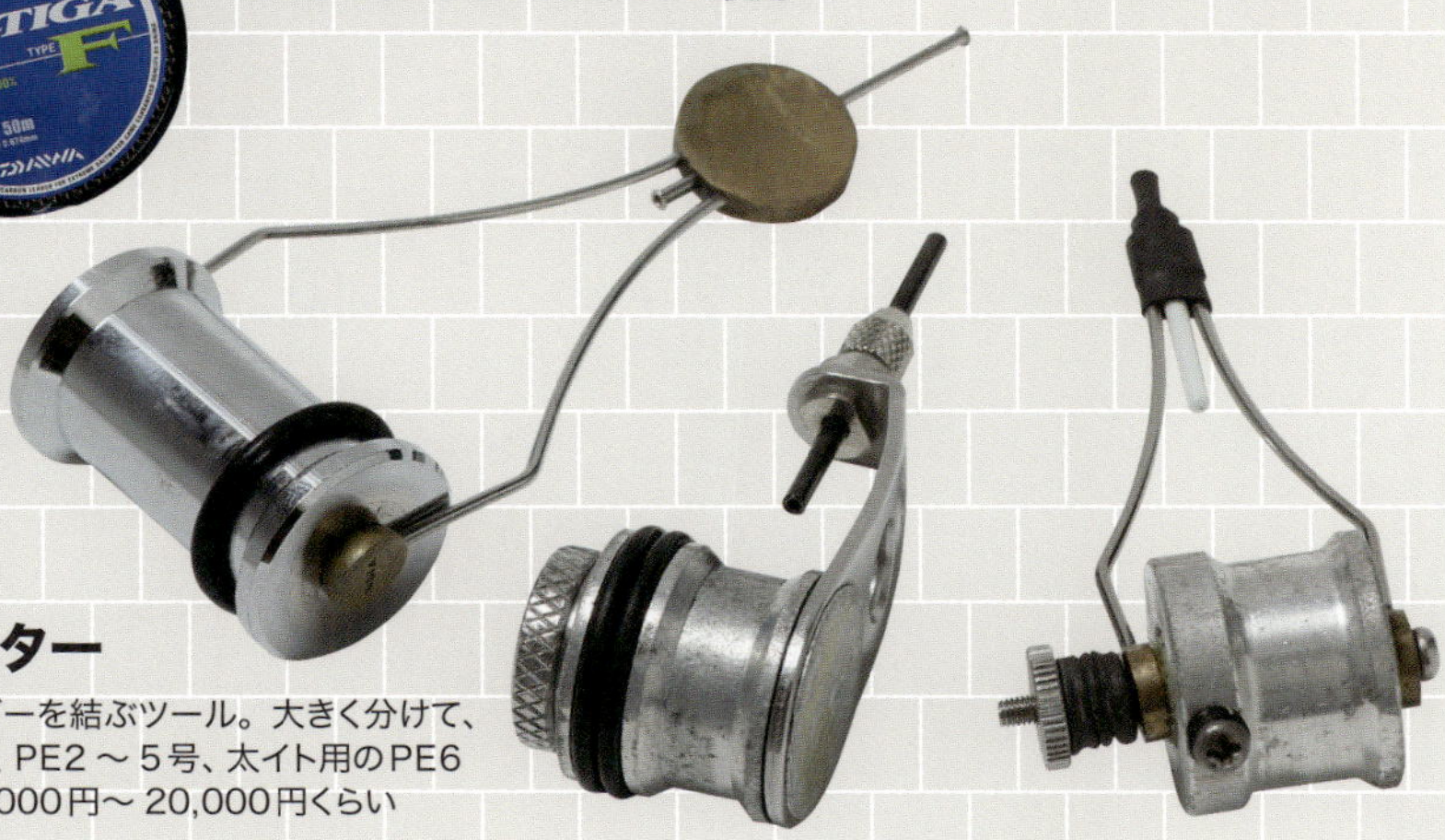

ボビンノッター

メインのPEラインとリーダーを結ぶツール。大きく分けて、細イト用のPE0.5～2号、PE2～5号、太イト用のPE6～10号があり、価格は3,000円～20,000円くらい

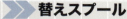

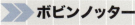

ポイント選びの基本

釣れるシーズンや海域を把握しておくことは、
どんなターゲットでも共通だ。
そして、釣行当日はさらにポイントを絞り込み、効率よく楽しみたい。
そのために必要なことを、
ジギング、キャスティングに分けて紹介する。

SANYO SYOJI

ジギングのポイントはGPSで絞り、魚探で決める！

GPSの等深線で海底形状を分析。ポイントを絞り込む

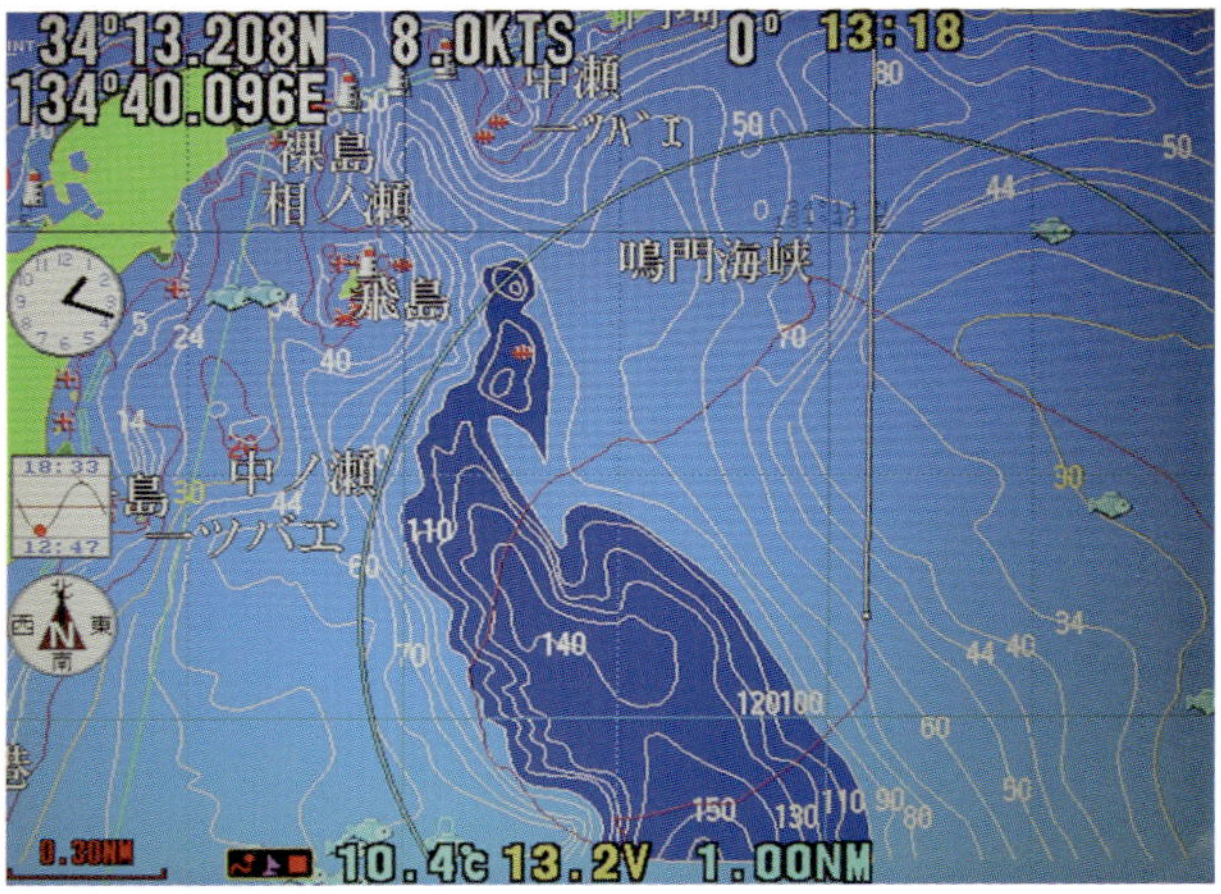

鳴門（なると）海峡。最深部は約150メートルで、急に20メートルくらいの瀬があったりと、変化に富んでいる。そこに、最速12ノットの速い潮流が相まって、魚の宝庫となっている。しかし、カケアガリが急でポイントも広く多いため、潮を読まないとなかなか釣果に結びつかない。ここや明石（あかし）海峡は潮によって魚の着き場が変わるので、慣れるまでは他船の動向で判断するとよいだろう

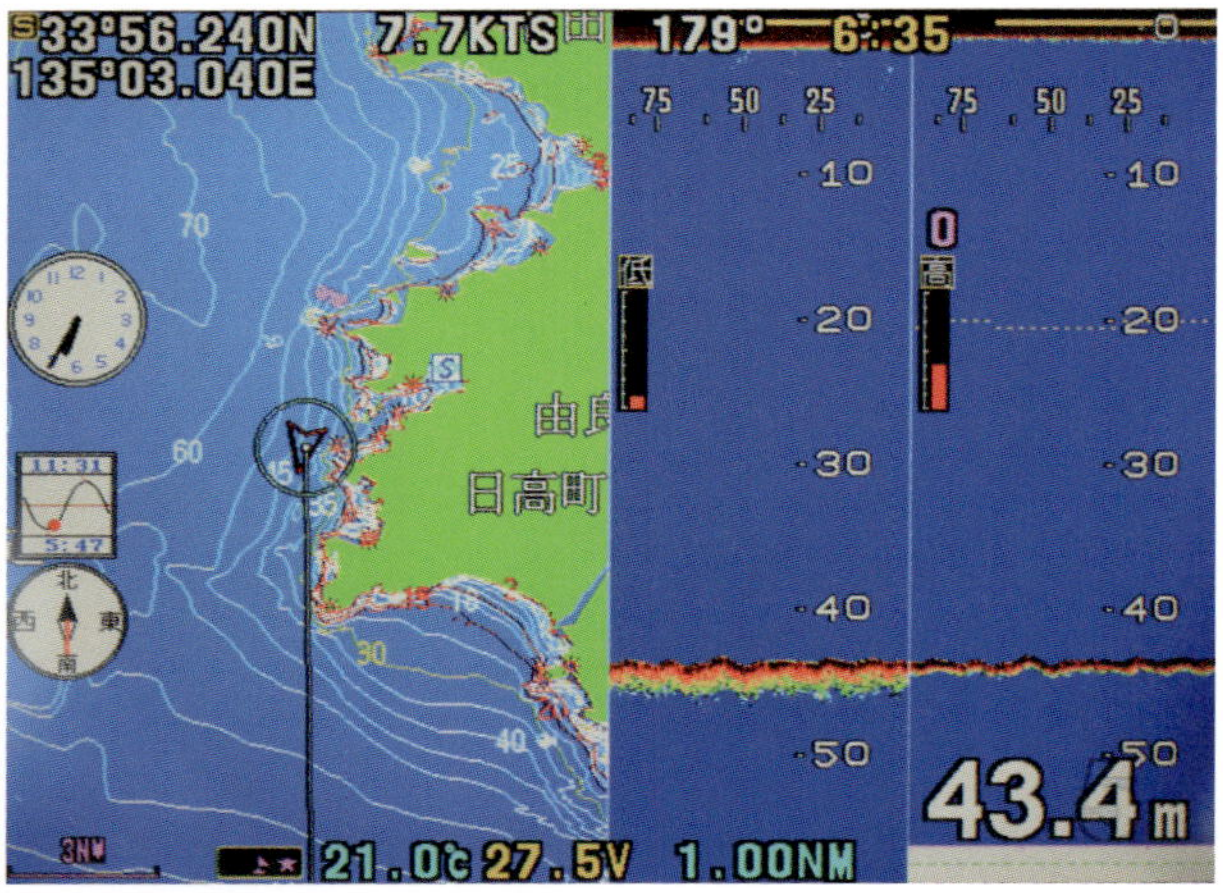

和歌山県・由良（ゆら）沖。鳴門海峡と比較するとなだらかな等深線だ。魚探の画面を見てもフラットな砂地で、変化に乏しいことがわかる。こういうところでは魚礁が入れられていることが多く、近年では何もない砂地を延々と流して、アマダイをジグやタイラバで釣るのがはやっている

遊漁船に乗ってジギングに行くと、ポイントは船頭任せ。当然のことだが、マイボートで知らない場所に行くときは、自分でポイントを探すことになる（ホームグラウンドなら瀬や魚礁の位置がわかってるので苦労は少ないが）。

GPSには等深線や魚礁も表示されるので、それで水深や瀬の状態が把握できる。等深線が込んでいるところはカケアガリが急なエリア。さらに潮の流れを読んで、ある程度のポイントを選定する。そして、魚探やソナーでベイトやターゲット本体の反応を探すのがセオリーだ。

和歌山県の南部を例に挙げると、有名な瀬や魚礁は漁師や遊漁船がひっきりなしにたたくので、青ものはスレていたり、ハタなどの底ものは釣り切られていたりする。

そこで、漁師や遊漁船が見向きもしないような小さい瀬やコブ、壺のようにえぐれているへこみを釣ると、思いもかけない大型のハタ類やカンパチなどが釣れることがある。特に、ハタ類はベイト反応がなくても釣れる確率が高い。また、海底がフラットでも、ベイト反応が

イワシの反応にもよし悪しがある。チャンスを逃すな!

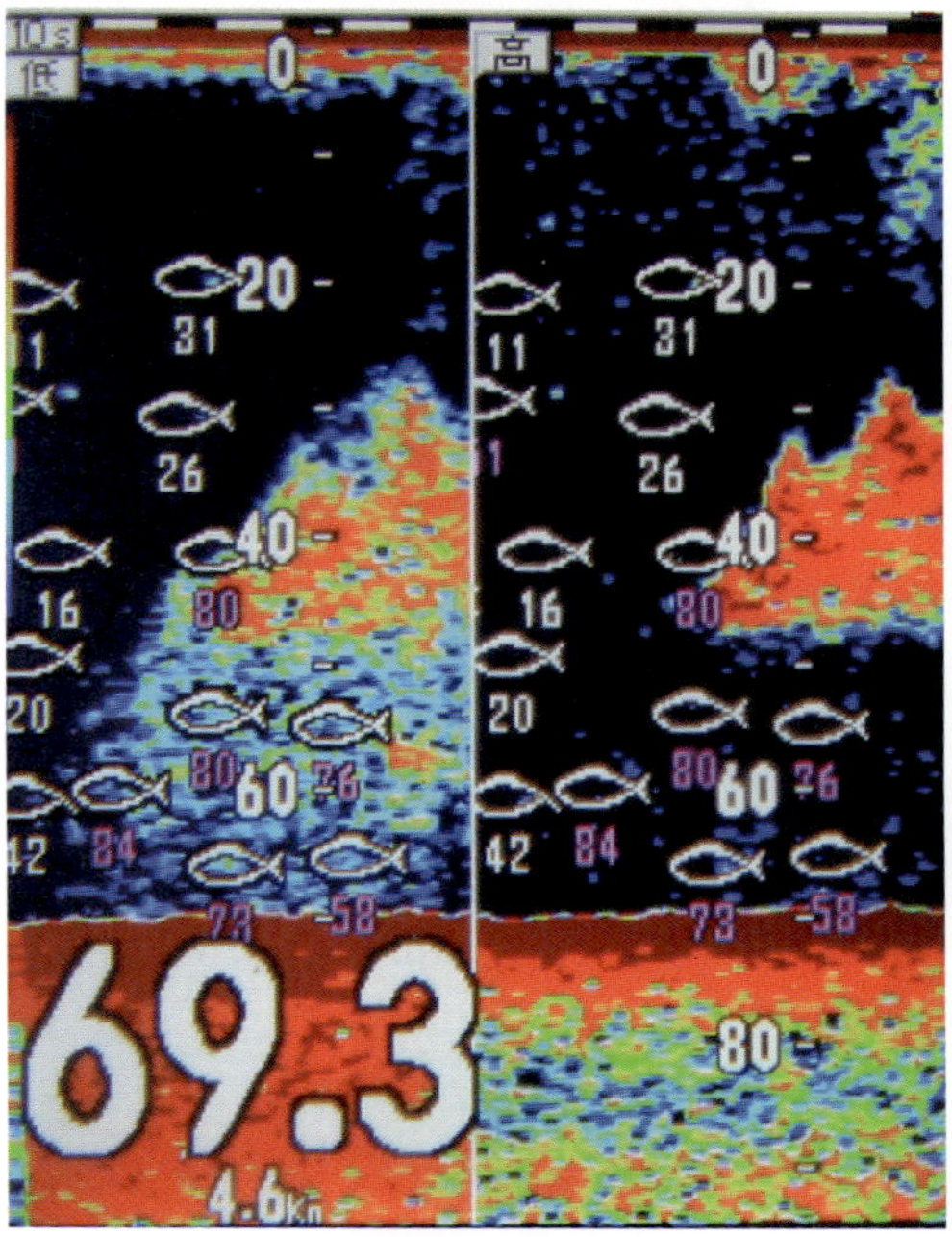

イワシの反応。やや中層に浮いている本命魚らしき反応があり、かなり期待が持てる。イワシの下にも青ものかマダイがいそうなので、イワシの反応がコンパクトになる

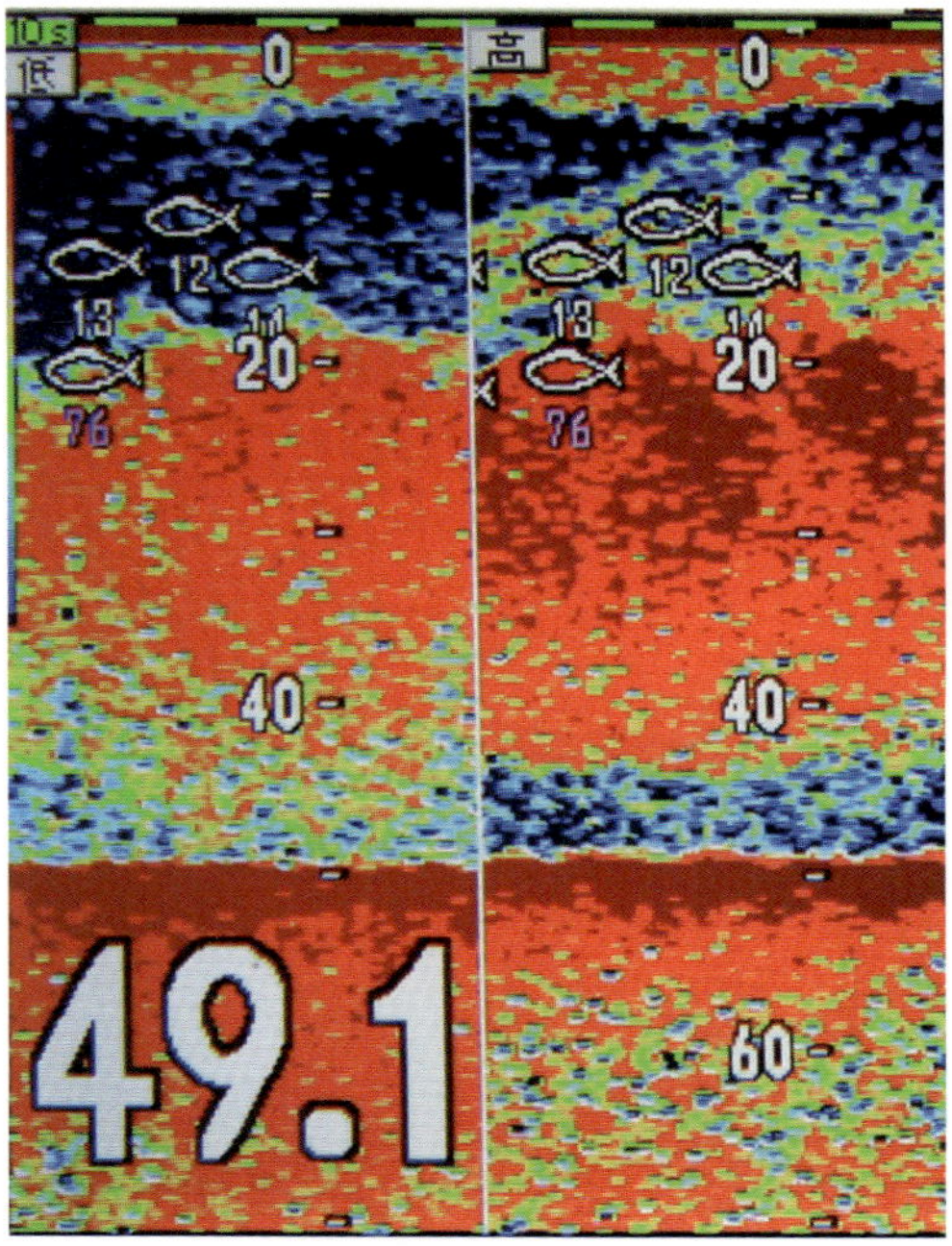

海底から表層までイワシでびっしりだが、意外と釣れないことが多い。イワシなどは集団で自衛するので、これだけ群れが大きいと、青ものやマダイも突っ込みにくい。反応が魚探に出始めるときと、消える前がヒットのチャンスだ

ポイントで魚群反応をチェック。ターゲットをねらい打つ!

魚群反応でベイトやターゲットを推測

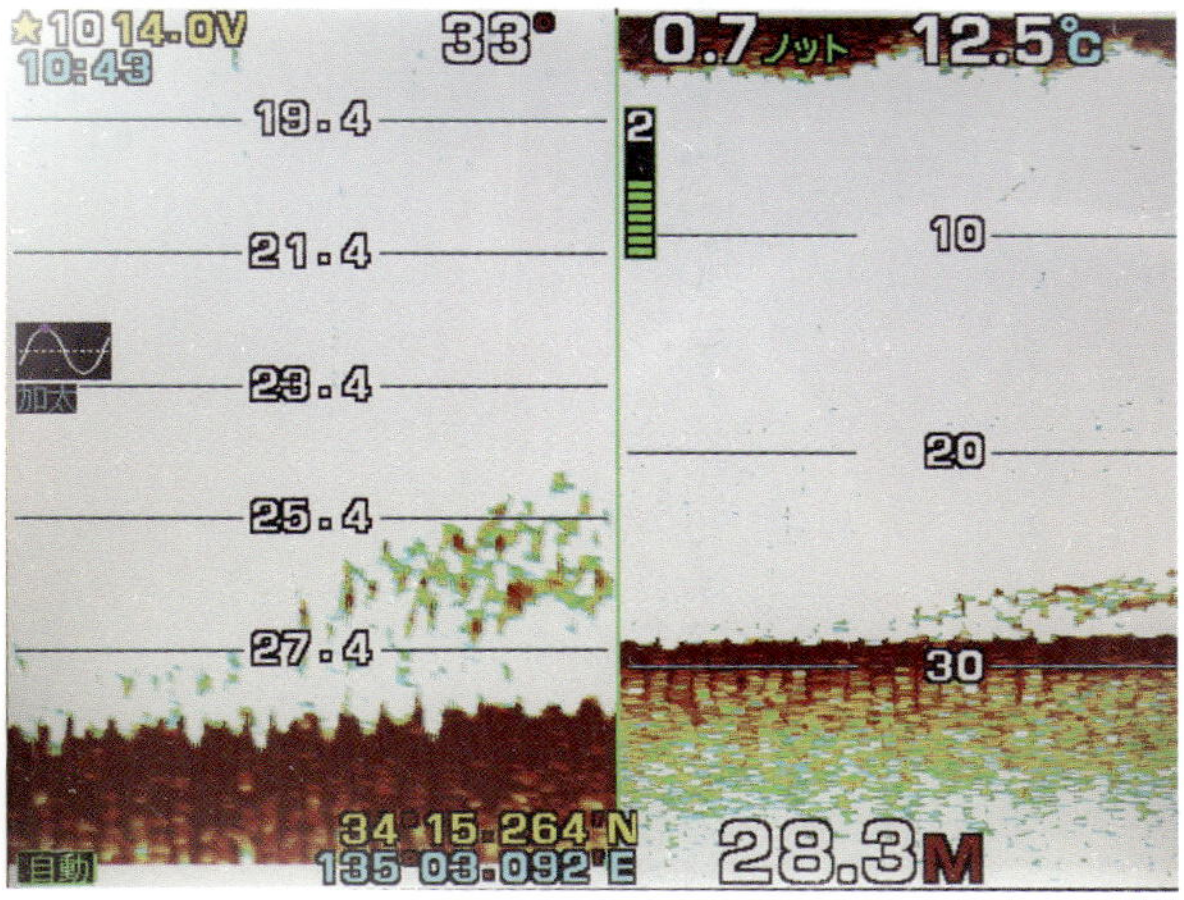

浅場の青ものポイントでの反応。ベイトはアジで、赤い反応は少し大きな魚だ。冬場や潮が速いとき、青ものは底にべったりにいるで、反応が映らないことも多い

魚種によって反応が異なる

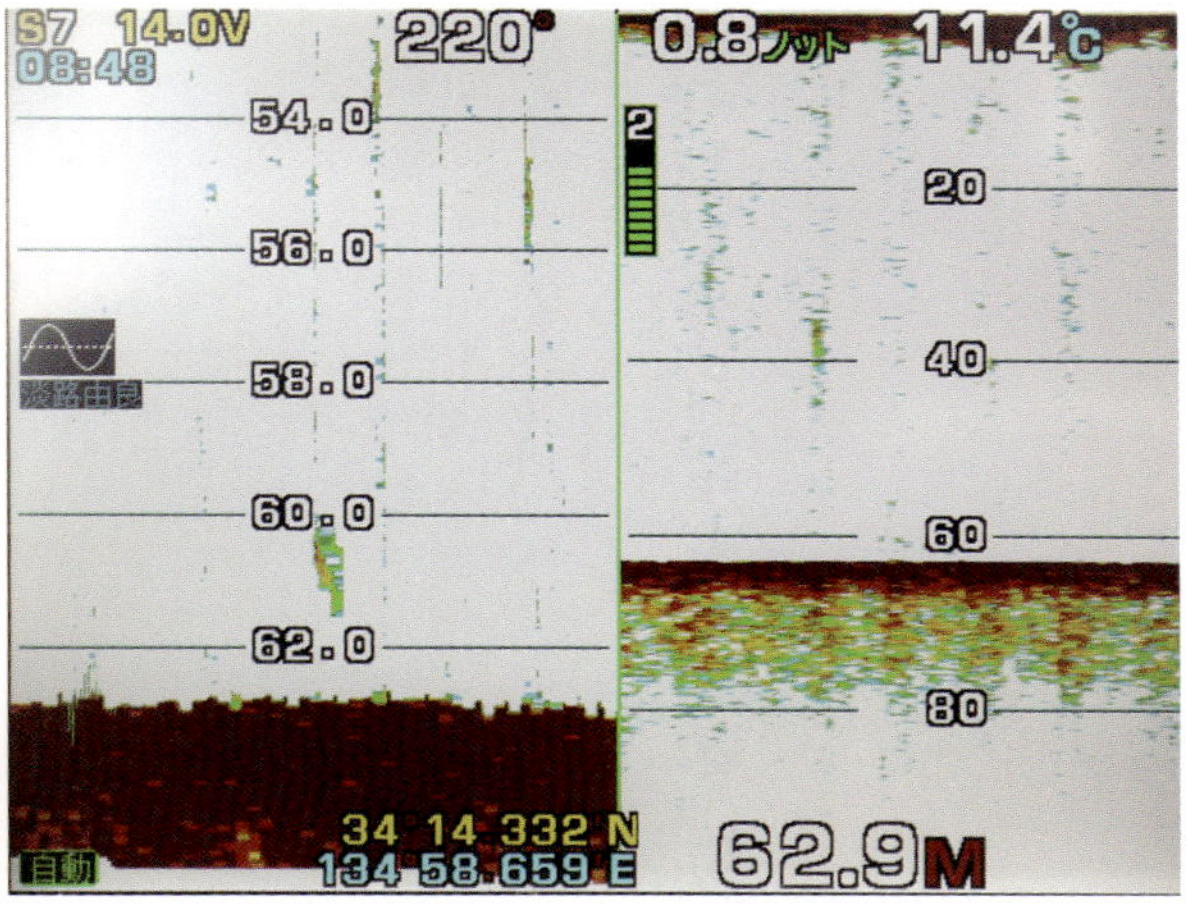

やや深場のタチウオポイント。タチウオの反応は縦長に映ることが多い。魚探の機種によっては、よほどの大群以外は映らないことも。この画面ではノイズが混じっており、近くのボートの魚探が干渉してるかもしれない

あればジグを落としてみる価値はある。

さらに、ソナーがあれば、遊漁船が固まってる魚礁から離れたところでも、ベイトやターゲット本体が見つかる場合があり、爆釣することも。

ヒットしたところはGPSにマークを残し、航跡も記録するとよい。すると、次の流しも同じところを流せるので、ヒットが連発したり、次の釣行の参考になるだろう。

キャスティングはトリに注目&ナブラを探せ！

キャスティングでねらえるのはマグロやカツオ、シイラなどの外洋系魚種と、ワラサやヒラマサ、シーバスなど沿岸系魚種に分かれる。

マグロやカツオは、黒潮やその分流が届くところにしかいない。遊漁船の釣果情報や、魚市場などの水揚げ情報を参考にするとよい。

神奈川県の相模湾では近年、海が凪ぐ6～8月にキハダが接岸して、遊漁船やプレジャーボートの格好のターゲットになってきた。今まで外洋でしか獲《と》れなかった80キロを超えるサイズも、ここ数年は近場でねらえるようになった。これは温暖化の影響があるのかもしれない。

マグロやカツオを釣るために、まず探すのがトリだ。トリがいないと、カツオ、マグロ漁船も話にならない。トリはその視力で、潜っているマグロまでわかるようなのだ。

トリの種類はミズナギドリやカモメなど。沖合はミズナギドリが多いが、沿岸部のクロマグロやブリなどはカモメが目安となる。カモメの場合は、1羽でもおかしい動きをしていたら、その下にターゲットが泳いでいる場合が多い。くるくると旋回したり、ホバリングや下を見ながら数羽で真っすぐに飛んでる場合などがねらい目。

その近くで待機しているとボイルが出たり、水面でマ

ベイトフィッシュの動向

のんびりと水面でパチャパチャしているときは、周囲にフィッシュイーターはいない。変な動きをしたり、高速で一定方向に向かっているときは、なにかに追われているとき！ 魚探反応も確認して、ターゲットの動きを探る

ていねいに誘う

ナブラ周辺でバイトがないときも、船べり5メートルくらいまでは諦めずに誘う。ルアーの回収まで残り数メートルでもバイトしてくるケースがあるからだ。日本海で友人がキャストミスしてルアーが切れて飛んでいった。そのルアーにブリがバイト。幸い掛からなかったが、ボートから5メートルくらい離れたそのルアーを、引っ掛けて回収しようと投げた僕のルアーにブリがヒットしたこともる。ほかにも面白いエピソードがあり、南紀のキハダねらいで友人のルアーをミズナギドリがくわえたが、飛び立ったあとに偽物とわかって口から離した。水面に落ちた瞬間、20キロ級のキハダがヒットしたこともある

他船からの情報も大切

ジギングもそうだが、特にキャスティングの場合は、どこにトリがいるかなど、ほかのフネからの情報も大事。僕の場合は、遊漁船の船頭やマイボートオーナーの友人が多いので、すごく助かっている

ナブラやボイルをつぶさない

遠くにナブラを発見したときは素早く向かうが、近づくにつれてスロットルを戻し、射程距離ではニュートラルかエンジンを切るとナブラが沈みにくい。近くで小さいボイルを発見したときは、そうっと近づくとボイルがだんだん大きくなり、最後にはスーパーボイルになることもある。われ先にと、全速力で近づかないことだ

グロがギラッと腹を返すことがある。

ボイルを見つけたら、そこにルアーをキャストするのだが、トリだけの場合は、トリの進行方向にキャストすると、いきなり水面を割ってキハダが飛び出ることもある。

ブリも、サンマやイワシに着いているときは、ミズナギドリやカモメが目安になる。日本海の丹後地方は、5月ごろからイワシやトビウオベイトのパターンとなり、ブリがトップでねらえる。

ボイルがなくても、トリが固まってるところにキャストして誘い出すと、バイトしてくることがある。特にヒラマサの場合は、ナブラは少ない。

ボイルがなくてもターゲットはいる

トリだけが騒ぎ、まだボイルになってない状態。この場合でも、フローティングペンシルをキャストして、ゆっくりのストップ＆ゴーや、完全に止める“ほっとけ（ステイ）”でマグロを誘い出だすことができる。キハダの場合は、かなりの確率でバイトがある

小さなボイルも見逃すな

単発のボイルで、トリがいない状態。ブリやシイラ、カツオなどの場合はフローティング、シンキングペンシルの速巻きも効果的。マグロの場合は、やはりスローのストップ＆ゴーや“ほっとけ”が効く！ ターゲットを見極めて、適したルアーチョイスとアクションを心掛ける

ベイトボールは大チャンス

イワシがマグロやカツオに追われて集まり、ベイトボールになった状態。クロマグロはこの状態が釣りやすいが、サメも集まりやすいのが難点。イワシのサイズに合わせたフローティングペンシルやスローシンキングジグミノーの“ほっとけ”が有効！

ターゲットやベイトの正体を探る

黒くなっている部分はターゲット本体の場合もあるし、ベイトの場合もある。この写真は、シラスなど小型ベイトに、ハマチがボイルしている状態。透明の小型ポッパーやジグミノーが効果的。“もじり”になるボイルはシラスが小さく、吸い込んで食っている場合が多く、釣りにくい

トリの飛び方にも注目

飛んでいるトリの目線の下に、マグロの背ビレが見える。マグロがベイトを追い、トリがそのマグロを追っている状態だ。サンマ、イカ、トビウオのベイトのときが多く、マグロの鼻先にペンシルを落とすと、かなりの確率で食ってくる。このパターンはキハダに有効な場合が多く、過去に何度もヒットさせてきた

Selection of 関西発ミラクル BOAT GAMES

「関西発 ミラクルBOAT GAMES」は、
2005年1月号から2015年10月号まで、
月刊『ボート倶楽部』に掲載された人気連載。
関西エリアを中心に活躍するエキスパートアングラーの古谷秀之氏が、
毎回ターゲットや釣法のテーマを掲げ、自らにミッションを課して釣行に挑んできた。
あの手この手でターゲットを追い求める臨場感に溢れた記事には、
古谷氏独自のノウハウがギッシリと詰め込まれている。
オフショアルアーゲームのテクニックを学ぶことはもちろん、
釣行前のイメージトレーニングにもピッタリ。
そんな同連載記事を、ターゲットや釣法別にピックアップして集録した。
（『ボート倶楽部』編集部）

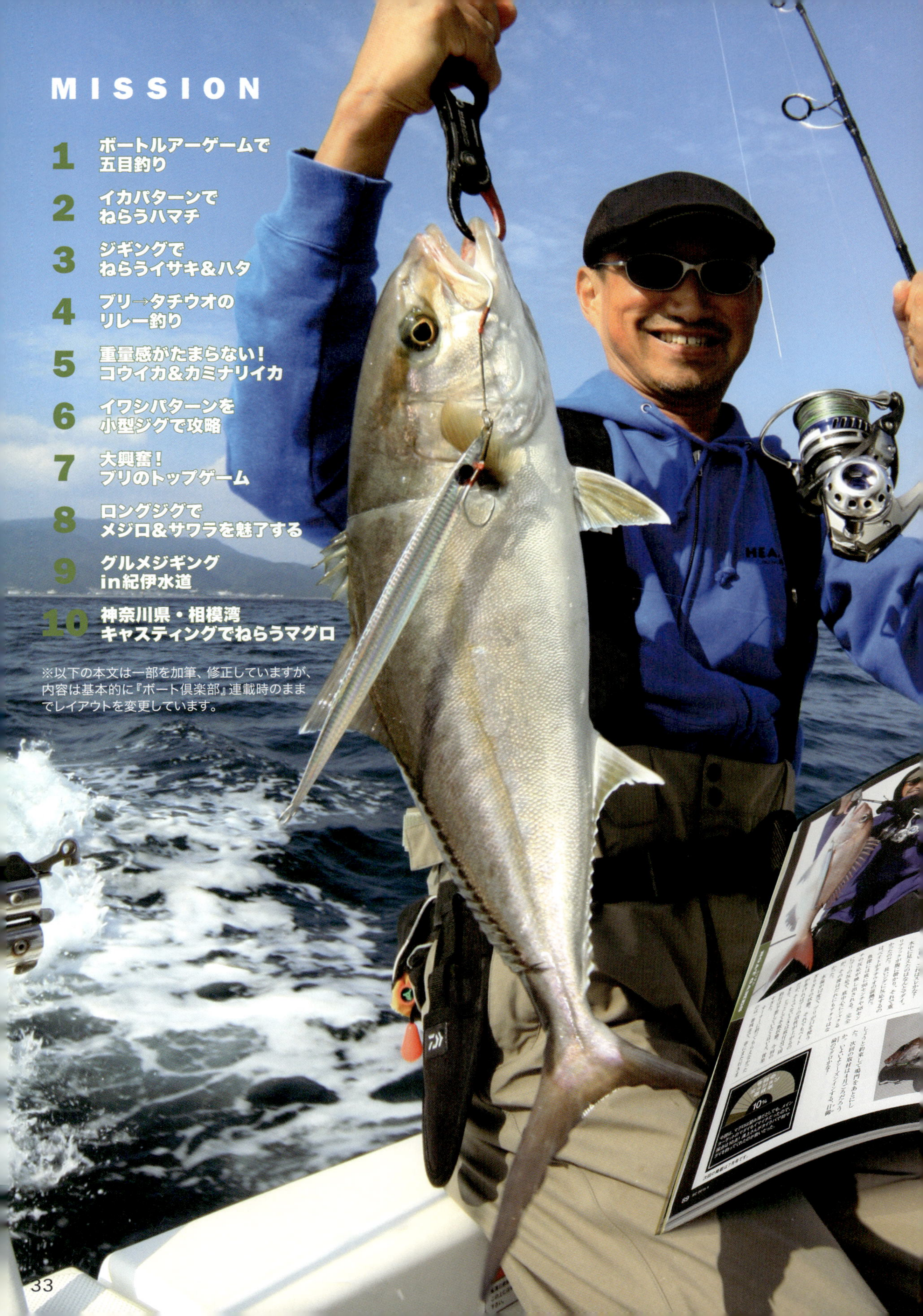

MISSION

1 ボートルアーゲームで五目釣り

2 イカパターンでねらうハマチ

3 ジギングでねらうイサキ&ハタ

4 ブリ→タチウオのリレー釣り

5 重量感がたまらない！コウイカ&カミナリイカ

6 イワシパターンを小型ジグで攻略

7 大興奮！ブリのトップゲーム

8 ロングジグでメジロ&サワラを魅了する

9 グルメジギングin紀伊水道

10 神奈川県・相模湾キャスティングでねらうマグロ

※以下の本文は一部を加筆、修正していますが、内容は基本的に『ボート倶楽部』連載時のままでレイアウトを変更しています。

ターゲットも釣法も自由自在!
みんなでワイワイ楽しむ

MISSION 1

ボートルアーゲームで五目釣り

マイボートのオフショアルアーゲームは、ポイント、ターゲット、釣り方、それらすべてが自由。その魅力を甥っ子に伝えるべく、古谷氏はジギング、キャスティング、タイラバ釣法を、1日で楽しむぜいたくプランを用意した。

1 和歌山県・印南《いなみ》沖

甥っ子にジギングの楽しさを伝えよ!!

◉ボート倶楽部 2014年7月号掲載

今回のボート

今回のボートは〈オーシャン〉（ニッサン・サンフィッシャー 33）。アフトステーションや魚探のバックモニターなど、バリバリの釣り艤装で戦闘力抜群

今回のメンバー

右から、ボートオーナーの柴 洋さん、堀田哲司さん、僕の甥っ子の谷口航平君、廣岡勝児さん、僕。笑顔の絶えない、にぎやかな一日だった

紀北~中紀のジギング、キャスティング

今回のミッションは、ジギングに興味を持った甥っ子に、その面白さを伝えることができるか！ 僕の甥である谷口航平君は今年から大学生。中学生のころは、岸からルアーでタチウオをねらったりしたが、高校からはクラブのサッカーが忙しく、たまにブラックバスを釣りに行くくらいで、釣りからは遠ざかっていたみたいだ。

今回のボートオーナーは、「HEAD&TAIL（以下、H&T）」のお客さんで、2012年4月号にも登場していただいた柴 洋さん。愛艇の〈オーシャン〉（ニッサン・サンフィッシャー33）は、これでもかというくらい、釣り仕様にしてある。

少し遠いポイントまで足を延ばすため、早めの朝5時前に出航。この日は朝から暖かく、初夏の訪れを感じさせた

まずは田倉埼沖でハマチをねらう。キャスティングのレクチャーに、航平君は真剣な面持ちだった

4月上旬から取材の予定を入れていたが荒天に悩まされ、5月の大型連休の最終日に、やっと取材できた。

この時季、紀北ではイカやシラスベイトでハマチがトップでよく釣れ、少し南の日ノ御埼《ひのみさき》周辺ではクロマグロ釣りがシーズンインする。今年は当たり年か、4月の頭から30キロ級が何尾も釣れていて、僕も2回行って、バイトこそなかったが、30キロ級のボイルが何度もあった。

ミッションはあくまでも甥っ子を楽しませるのが目的だが、もしかしたら本連載の最終目標、マイボートでマグロを釣り上げることができるかも、という淡い期待を抱いて、H&Tで柴さんと事前に釣行計画を立てた。

ロッド片手にアフトステーションでフネを操り、ナブラを追いかける柴さん

今回は中紀で釣ろうということで、和歌山県日高郡の印南漁港方面を目指す。まずはその道中である田倉埼で、トップでハマチと遊び、それから南下。日ノ御埼を越えて印南漁港から南部《みなべ》漁港の間でクロマグロのナブラを探す。ナブラがない場合

ジグミノーのアクションを伝えたそばから航平君にヒット！ ピックアップ寸前にヒットしたため、やり取りのアドバイスをする間もなくネットイン！

航平君は、釣りはまったくの素人ではないが、40センチ級のハマチに大喜び。僕もうれしくて、喜ぶ甥っ子を見つめる〝おじさん〟の顔になってしまった

はライトタックルでオオモンハタやマダイをねらい、帰りに夕方の時合でハマチをガンガン釣る！

マグロだけではオデコも多いので、取材となるとハードルが高いが、これだけネタがあればなんとかなると、軽い気持ちで当日を迎えた。

まずはキャスティングでトップのハマチ

まだ薄暗い、朝5時前に大阪府泉南市の岡田浦漁港で準備を済ませ、いざ出航！今回は柴さんの友人、堀田哲司さん、廣岡勝児さんが応援に来てくれた。

港を出たときは超ベタ凪だったが、すぐに空が黒くなり、北風が吹き始めた。天気図は弱い冬型なので少し吹くとは思っていたが、意外ときつい。しかし田倉埼に着くと、島で北からの風波が遮られて池のような凪だ。

ムードメーカー的な存在で、終始、艇上を和ませていた堀田さんにはカサゴがヒット

操船しながらも、見事ハマチをヒットさせる柴さん。フッキングをよく確認して、「いくぞー！」と、豪快に抜き上げる

当日の使用タックル

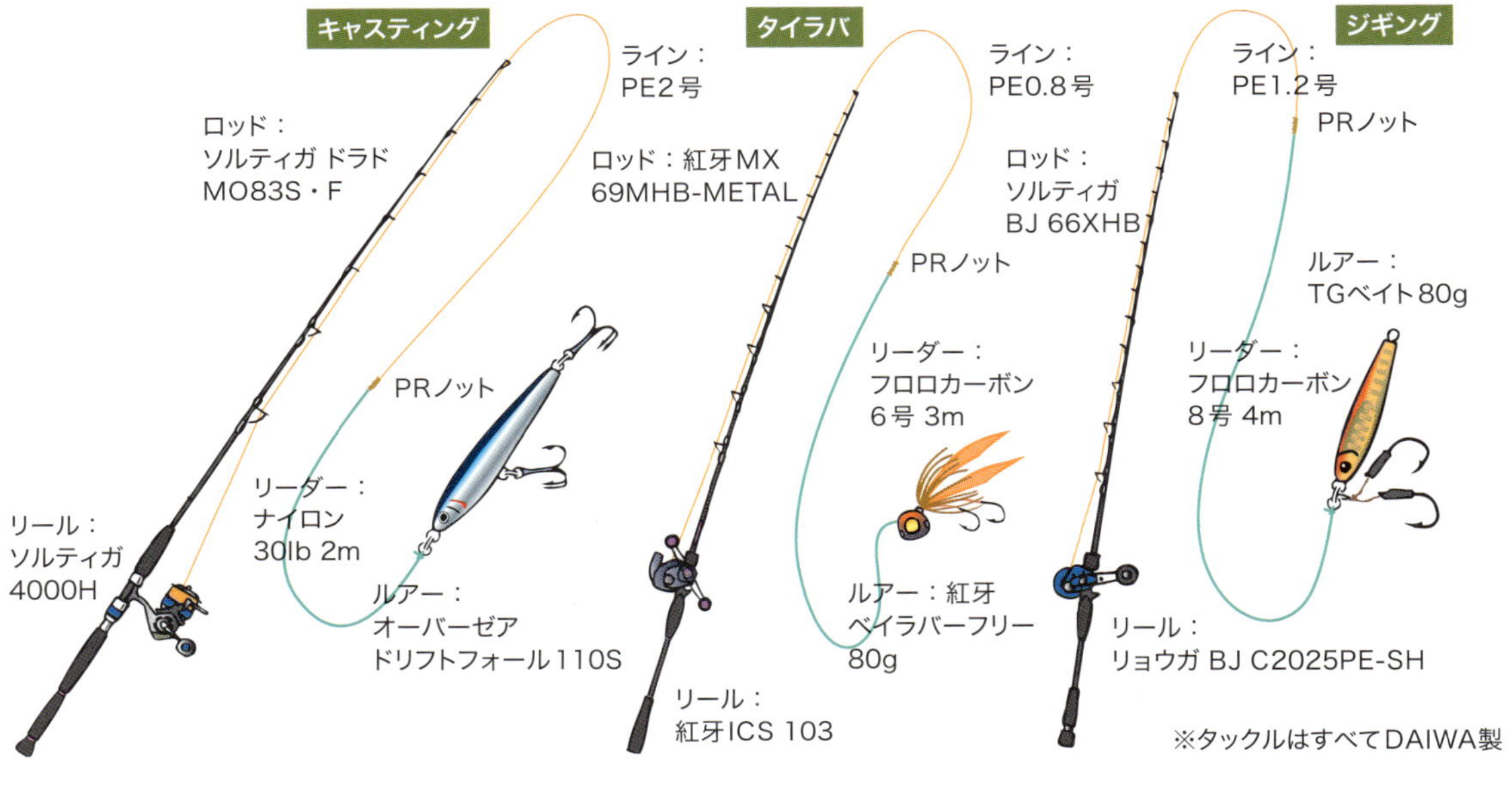

※タックルはすべてDAIWA製

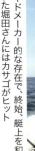

頻繁に仲間のプレジャーボートや遊魚船に電話をして、海況や釣況の情報収集を行う柴さん。柴さんへの着信も多い。情報＝釣果なのだ

長い移動中にリーダーを結び直す堀田さん。道具を整理したり、魚を締めたりと、時間を有効に使っていた

印南沖に到着すると、まずは僕にヒット！ グングンと水面近くまで強い引き込みを見せるのは……

ニッサン・サンフィッシャー33は、高い走行性能と抜群の風立ち性能が両立しており、快適な釣りが楽しめた

早速、トリやナブラを探すが、海は静まり返っている。今のうちに航平君にトップの釣り方を教えようとミヨシに移り、「こんな感じで」と、トップルアーをキャストする。

僕はのタックルは、ソルティガ ドラド MO83S・Fと、ソルティガ 4000HにPE2号、リーダー30ポンド。ルアーはH&Tオリジナルのトミペン120をセット。航平君にはソルティガ コースタル GAME69S-3・F、ソルティガ 4000Hで、ルアーはよく飛ぶオーバーゼア110S スキッピング（DAIWA）を使わせた。このロッドはジギングロッドだが長さもあり、全体的に軟らかいので、リーダーを短くすればキャスティングにも十分使える。まずは1本、という人にはうってつけである。

航平君が数回キャストしたところで、ジグミノーは速巻きがいいと教えると、フネの間際で「バシャッ」とハマチが出た。僕のほうが驚いて、アドバイスする間もなく無事にネットイン。航平君の初青ものは、あっけなく釣れてしまった。

そのころからナブラが立ち始めたが、トローリングのフネが多く、プレッシャーが高いため沈んでしまう。いつもは沈んでいても、ポッパーやダイビングペンシルで水面をジャークするとハマチが飛び出すのだが、この日は渋い。そんな中、柴さんが水面チョップ（D-CLAW）というジグミノーでストップ&ゴーをしてると、ハマチが水面を割った。太陽も上がってきて、「さあ、青ものの時間帯」と気合が入るが、ナブラは小規模ですぐ沈んでしまう。1時間くらいで見切りをつけ、予定通り南下することにした。

ジギング&タイラバでグルメ五目

柴さんや僕の仲良しの遊

大好物のオジサン（オキナヒメジ）。抜群の食味なので、見た目に惑わされてリリースせずに、ぜひ食していただきたい

タイラバ釣法の柴さんにマダイらしきアタリが続いたので、僕もタイラバに変更

漁船に日ノ御埼の状況を聞くと、風が強いようだ。日ノ御埼の手前ですでに風速は10メートルを超え、白波もかなり出てきたが、そこからさらに南下して印南漁港方面へ。

このへんから南部漁港までがクロマグロのポイントだ。僕も27キロと25キロを上げている。50キロ級も一度ヒットさせたが、銛打ち寸前でフックが外れた苦い経験がある。

しかし、この日の水面は

航平君にはシロサバフグ。「フグなんて釣れるんだ……」とひと言。釣り経験が少ない人にとっては「フグ」が釣れたら驚きかもしれない

航平君に強いヒキが。ゴンゴンとロッドがのされ、自然と笑みがこぼれる甥っ子を見ていると、こちらもうれしくなってくる

ジギングにおけるドテラ流しの有効性

スパンカーを使用して風に立てて流す

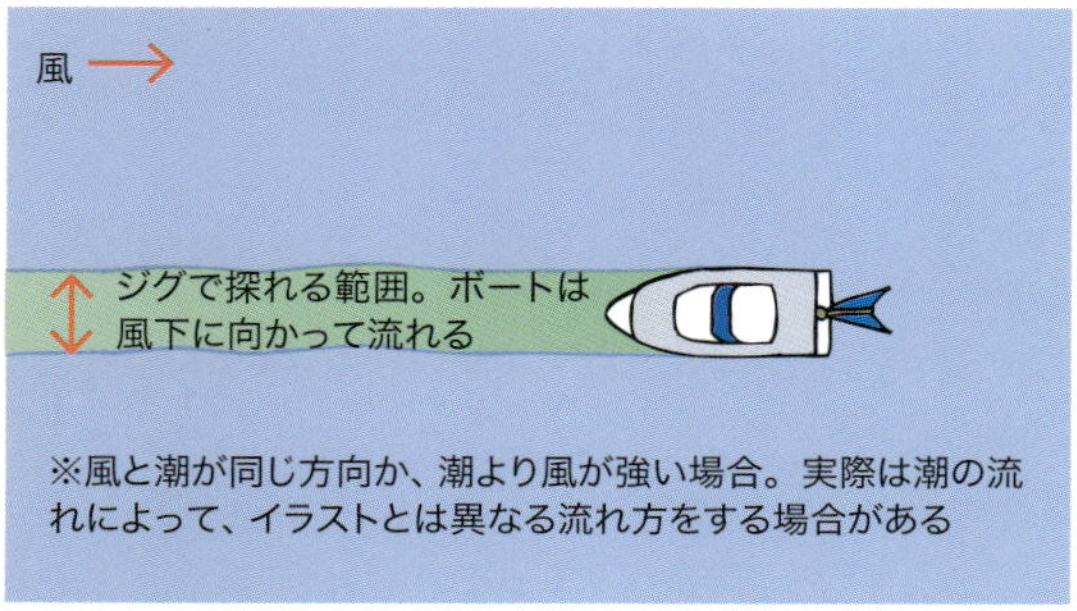
風
ジグで探れる範囲。ボートは風下に向かって流れる
※風と潮が同じ方向か、潮より風が強い場合。実際は潮の流れによって、イラストとは異なる流れ方をする場合がある

風
魚の泳層をジグが通過する距離が短い。ジグを追う魚は、垂直に移動しなければならないので、捕食が大変。特に浮き袋が膨らみやすい魚は命がけ
魚探の音波の影響・大
魚の泳層

風任せのドテラ流し

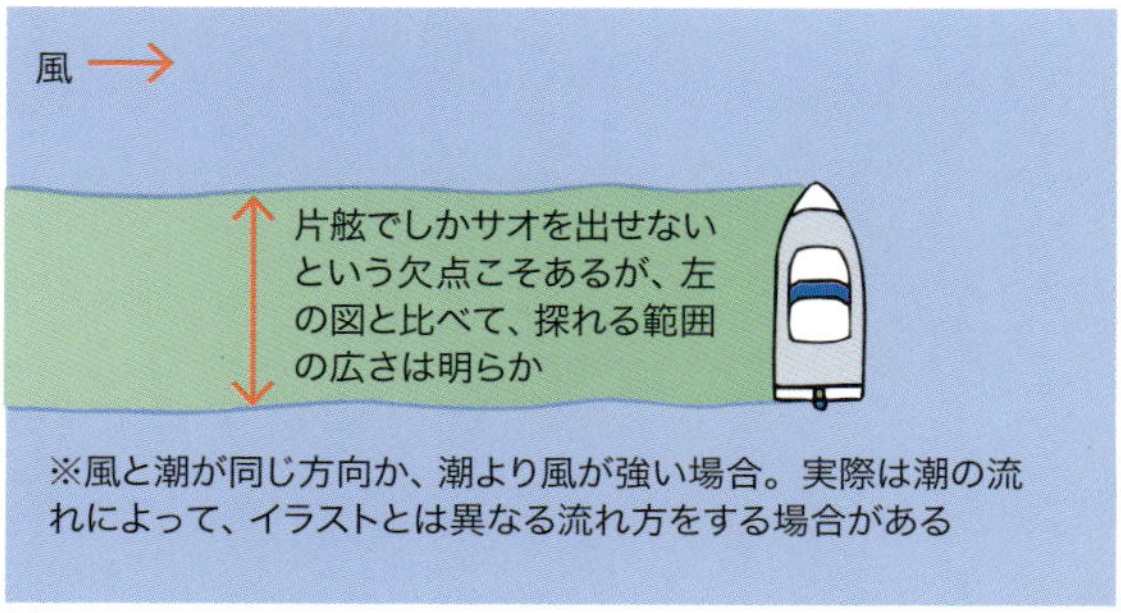
風
片舷でしかサオを出せないという欠点こそあるが、左の図と比べて、探れる範囲の広さは明らか
※風と潮が同じ方向か、潮より風が強い場合。実際は潮の流れによって、イラストとは異なる流れ方をする場合がある

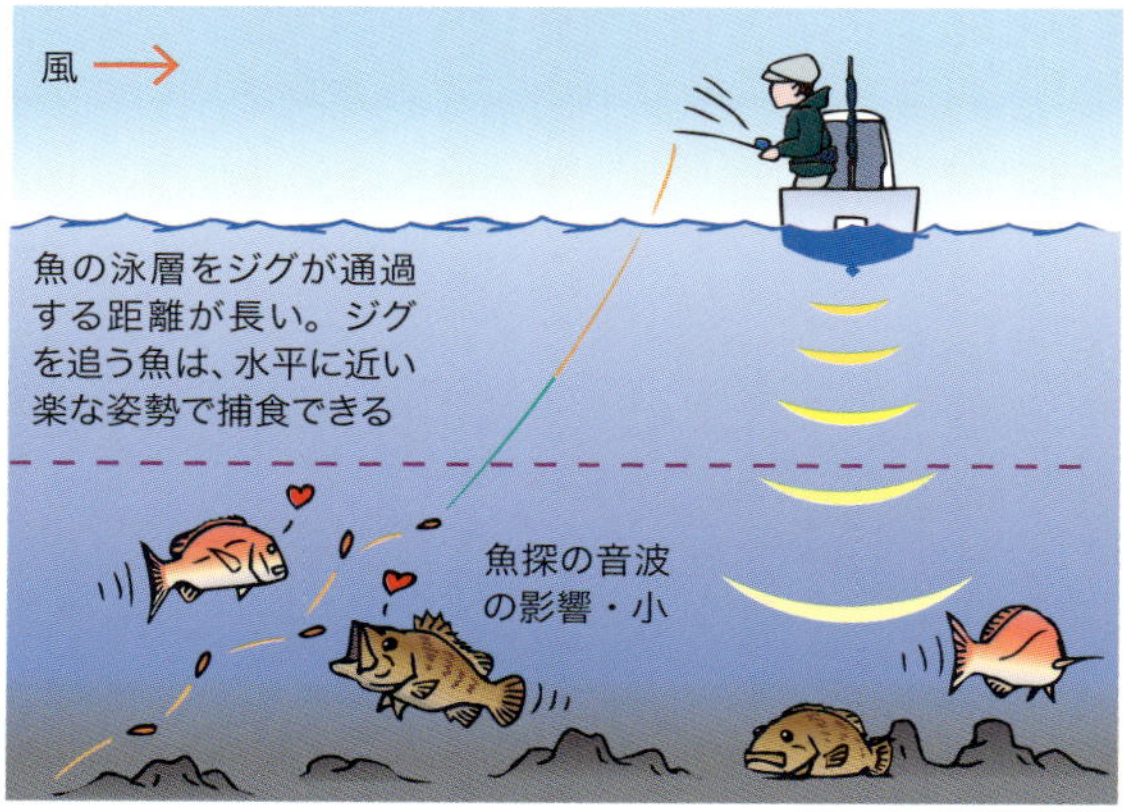
風
魚の泳層をジグが通過する距離が長い。ジグを追う魚は、水平に近い楽な姿勢で捕食できる
魚探の音波の影響・小

航平君が船中1尾目のオオモンハタをゲット！広範囲を流しているときにポツポツと釣れ上がれば、徐々にポイントが絞れてくる

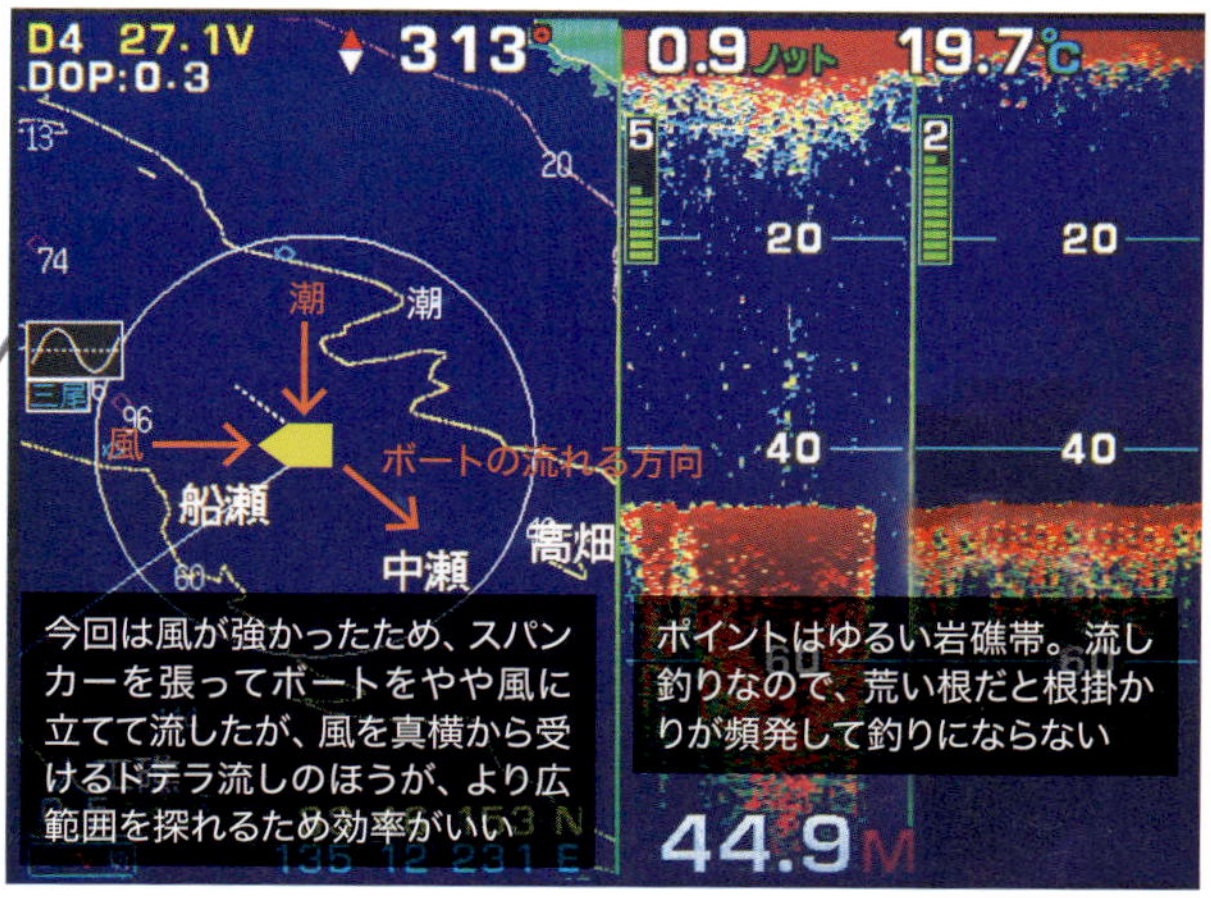
D4 27.1V
DOP:0.3
313°
0.9ノット
19.7℃
20
40
潮
潮
風
ボートの流れる方向
船瀬
中瀬
高畑
44.9M

今回は風が強かったため、スパンカーを張ってボートをやや風に立てて流したが、風を真横から受けるドテラ流しのほうが、より広範囲を探れるため効率がいい

ポイントはゆるい岩礁帯。流し釣りなので、荒い根だと根掛かりが頻発して釣りにならない

移動中、ルアーはガイドを支える金具にぶら下げておけば、ルアーが外れて暴れたり、サオ先が折れる心配がない

一面の白うさぎで、これではナブラが出てもわからない。風が強い日はベイトも沈むので、あまりいい経験はない。

無線では、遊漁船がオオモンハタを何尾も上げているそうなので、僕が好きなライトジギングをスタート。周辺にはイサキ釣りのフネが多く、カカリ釣りをしている。その周囲は瀬になっていて、オオモンハタなども絶好のポイントだ。水深20〜50メートル付近にオオモンハタは多い。

風が弱いときはドテラ流しが有効だが、今回は風速

カラーやアクション、ルアーをこまめに変えていた廣岡さんは、タイラバにチェンジするとオオモンハタがヒット！

当日の状況にもよるが、片舷だけで釣りができるように流せれば広範囲を効率よく探れ、全員が片舷に集まるために会話も弾む

思った通り、この日2尾目のオジサンだった。この魚の抜群の味を知っているので、釣り上げた瞬間から食べるのが楽しみだ

僕のロッドもいい曲がりを見せた。このヒキはもしかすると……

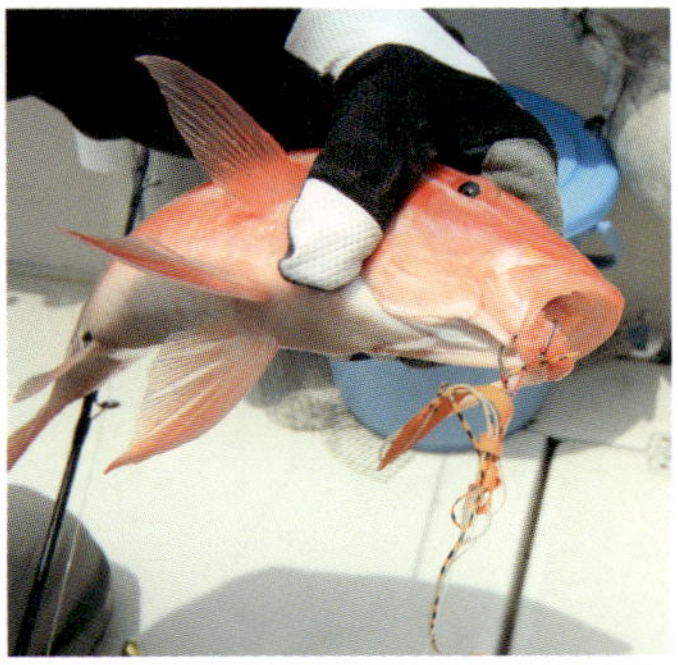

小さく鋭いDAIWAのサクサスフックは、抜群のフッキング率を誇る。口の硬い魚や口が小さな魚でも、たいてい2本のフックが掛かっている

が10メートルくらいあったので、スパンカーを張って、少しだけフネが横になるように流し始める。広く探るのが釣果を上げるコツだ。

航平君はタイラバの紅牙ベイラバーフリー80グラム、僕はTGベイト80グラムをセット。この時季はカタクチイワシがまだ少ないので、タイラバに分があるだろう。

水深は40メートルで、底はだらだらとした岩礁帯。着底したらワンピッチで10メートルくらい上げてきて、最後に大きくシャクッてジグを横に向かせ、ヒラヒラとフォー

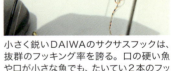

僕にもオオモンハタがヒット！ タイラバはターゲットを選ばない

ロングジグを試していた廣岡さんにはサメがヒット！ 艇上は一時騒然とし、大きな笑い声に包まれた

ヒットパターンをつかんだのか、撮影の合間にサオを出したシミズ記者は、グッドサイズのオオモンハタをTGベイトで連発！

ルさせる。ハタ類はフォール時のバイトが多いが、オオモンハタは活発に泳ぐので、シャクッているときもヒットする。

しばらくして僕にいい感じのアタリが。結構上まで引くので、これは僕の大好物「お・じ・さ・ん」だろう。すると予想通り、海緋鯉《うみひごい》やオジサンと呼ばれるオキナヒメジが上がってきた。

この魚はウロコが粗く、ヒゲも生えているのでリリースする人が多いが、身に味があり、僕はオオモンハタより好きだ。刺身、煮付けなどもいいが、一番のオススメは、から揚げにして、チリソースか中華風あんかけ。これは絶品！ ていねいにイケスに入れる。

航平君も「きたきた」と、リールのハンドルを回す。これもおいしいシロサバフグが上がってきた。から揚げや鍋、「てっさ」もいい。

シロサバフグは無毒だが、近似種に有毒のドクサバフグやカナフグがいるので注意。シマフグもトップにまでヒットするが、見るからに毒々しい色ですぐわかる。紀北ではショウサイフグやトラフグも釣れる。

航平君も大満足！ 楽しい一日に感謝！

航平君が違う魚を釣り上げたと喜んでいる。本命のオオモンハタだ。オジサンも追釣して絶好調！ その後、僕もオオモンハタを釣り上げ至極満足。

どうやらマダイのアタリ

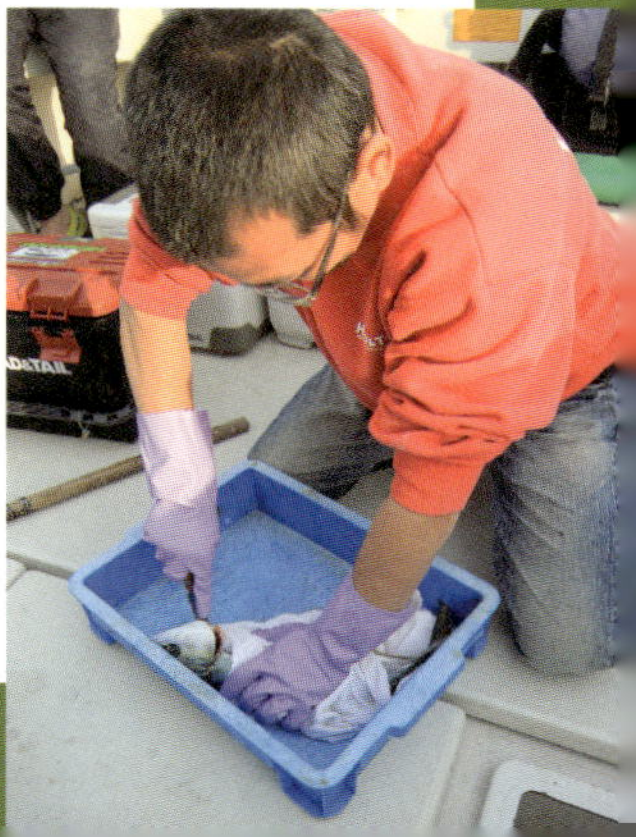

ていねいに血抜きを行う堀田さん。おいしく食べるために余念がない

があるようなので、僕もタイラバに変更することに。アタリはジグよりも多く、オジサンやフエフキ類、それにオオモンハタも掛かる。

帰港前に立ち寄った田倉埼で、航平君が投げたポッパーにハマチがヒット！ ワンチャンスをものにした

「もう十分写真は撮れたから釣ったら？」

と、シミズ記者にジギングタックルを貸すと、待ってましたといわんばかりの、うれしそうな顔。それから怒涛のオオモンハタ3連チャン。柴さんもまだ釣っていないのに、情け容赦なく釣りまくる。僕がカメラマンとなってシミズ記者を撮り、立場が逆転してしまった。

いつもなら得体の知れない大物が1回くらいヒットするが、今回は廣岡さんにサメがきた。ヒットした瞬間、何もできずにラインブレークした場合の正体は、カンパチやハマフエフキなどもあるが、ほとんどはスジアラ（和歌山ではツルクエ、沖縄では有名なアカジンミーバイ）だ。沖縄や奄美では5キロまでが多いが、和歌山ではヒットしたらデカい。だいたい80センチ級で7キロ、大型は1メートルで10キロ級だ。ライトタックルではまず獲れなくて、PE4号、リーダー80ポンドでねらう。でも、ねらうとなかなか釣れず、今回のようなライトタックルに食うことが多い。

風は相変わらず10メートル前後だが、田倉埼の遊漁船に電話をすると無風らしい。1時間ほど走っただけでこの違いだ。オオモンハタもたくさん釣れたので、田倉埼で夕方のハマチナブラをねらうべく、針路を北に取った。

田倉埼に着くと、油を流したような凪で、先ほどまでの強風がうそのよう。ナブラはほとんどないが、廣岡さんがワームでカサゴを連発。

一度、いいナブラが立って航平君がポッパーを投げるとハマチがヒットし、時合突入かと思われたが、その後はノーヒットに終わった。

帰る途中、スーパーボイルの入れ食い情報を友人がくれたが、移動中で携帯の着信がわからず、帰港してからそれを知った。

初チャレンジの航平君が、プロアングラーであるおじさんを差し置いてサオ頭、次いでシミズ記者と、僕としては不本意な釣果だったが、柴さん、堀田さん、廣岡さんもむっちゃ楽しい人たちで、ほんとに楽しい一日でした。

この1尾で納竿。普段とは違った笑顔を見せてくれて、おじさんもうれしいです

今回はとてもカラフルなクーラーとなった。うまそうな魚たちに食欲が刺激される

今回のミッション達成率

100%

今回の「甥っ子にジギングの楽しさを伝える」というミッションは、文句なく100%達成！ 確実と思われたハマチが3尾だったが、オオモンハタ、オジサン、シロサバフグなどバラエティー豊かな釣果。しいて言えば、マダイが欲しかったか。

トップウオータールアーで
小イカを演出
バイトの瞬間を見逃すな!!

MISSION 2

イカパターンで ねらうハマチ

イワシ、タチウオの幼魚、小イカ……etc。
フィッシュイーターが捕食するベイトは、
魚種やシーズンによって変化する。
そのパターンにルアーや釣法を合わせ、
より楽しく、より効果的にターゲットに迫ろう。

今回のボート

今回は保田さんの〈アイアンガール〉（ヤマハUF-29）。フィッシング仕様の愛艇には、スパンカー、アフトステーションを搭載。GPS魚探の後部モニターは、自作の艤装品だ。キャンバストップは夏の日差しを和らげてくれる

今回のメンバー

出航前に和歌山マリーナで一枚。左から保田勝哉オーナー、僕、保田さんの友人の岩田修二さん。今回はこの3人で、トップウオータープラグを投げまくる！ 出航前のこの時間は、何度体験しても、期待に胸が膨らむものだ

2 和歌山県・紀北

トップでねらうハマチ イカパターンにポッパーで挑む!!

◉ボート倶楽部 2013年7月号掲載

春の嵐と産卵シーズン

晩春は一番好きな季節である。初春の梅や桜が終わるころには、持病の花粉症はピークを過ぎ、5月の大型連休には症状が終わるからだ。このころは新緑が一斉に芽吹き、すべての生命の新たな息吹が感じられる。

毎年、4月から5月は九州の玄界灘で20キロ級のヒラマサをねらうのだが、今年は時化のためにすべてキャンセル。

その前はクルマで岡山まで行って、船長から「時化で出られません」と告げられ、Uターンしたその足で和歌山に釣行したくらいだ。いつもは2時間で行く南紀が8時間もかかって疲れた。ただ、そのかいあってか、トップでキハダの15～20キロが5人で7尾。にもかかわらず、僕だけオデコ。バイトは5回もあったのだが……。

前置きが長くなったが、春はさまざまな魚種の産卵期である。ホームグラウンドの紀北ではマダイも産卵期に入るが、僕は産卵前の荒食いに遭遇したことがない。ジグやタイラバでねらっているせいもあるが、ほかのシーズンよりも、かえって釣れないくらいである。青ものも産卵期に入るのだが、この時季の紀北では、50センチ級のハマチがメイン。ハマチは産卵に関係ないのかよく釣れる。それもジギングでは厳しいが、トップで爆釣することが多い。

僕の操船でハマチの反応を探す。和歌山マリーナの北西に位置する、淡路島方面にフネを走らせた。天候も晴れで、よい1日になりそうだ

航程約15分で、海底付近にハマチの反応を確認。イワシがベイトならば赤く映るので、今回のベイトはやはりイカだろう

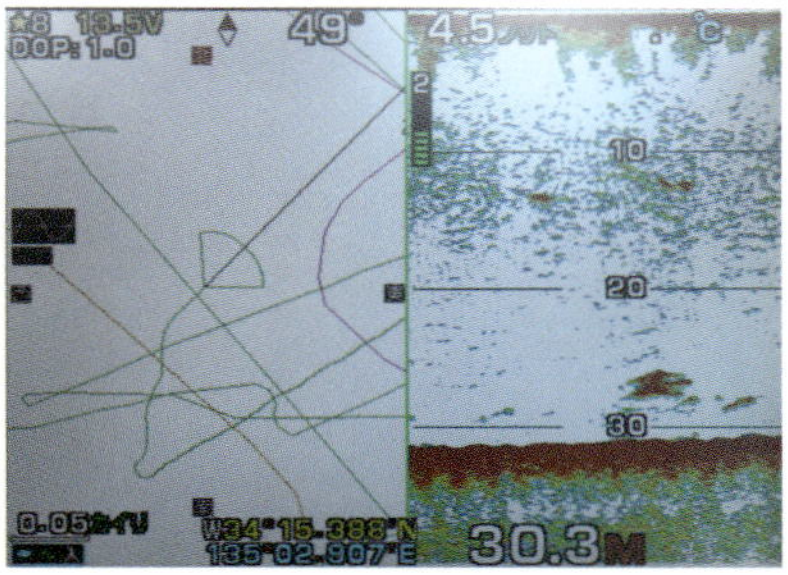

GPS魚探への反応はあるが、ナブラは湧いていない。しかし、周囲のルアー船はネットを入れているので、とりあえずわれわれも投げてみることに

トップで炸裂！

今回は、この連載によく登場する和歌山在住の保田勝哉さんと、その友人の岩田さんとで、ハマチをねらって紀北に釣行した。４月に入ってからは、トップでハマチが釣れているので、面白い取材になりそうだ。

朝7時に集合し、いつもの和歌山マリーナから保田さんの愛艇〈アイアンガール〉（ヤマハＵＦ-29）で出航。季節外れの冬型気圧配置で北西の風が強いが、この周辺は風裏になるので問題なかった。和歌山港沖を通り、約20分で磯ノ浦沖に到着。

知り合いのルアー船が4隻来ていて、電話で今の状況を教えてもらった。いつもなら朝と夕方しか釣れないらしいが、風が強く波立っているせいか、トップでよく食っているらしい。多少波立っていたほうが、ルアーを見切られることが少なく、有利なのだ。

潮はゆるい上げ潮だが、風の影響のほうが強く、潮上の南東方向に流される。水深は25～30メートル。魚探で反応を探すと、出るわ出るわ、わらわらと青ものがいるようだ。

この反応ならジグでも食

ロッドを下げてポッパーをアクションさせる。朝一番、期待と不安が入り交じる、なんとも心地よい時間だ

当日の使用タックル

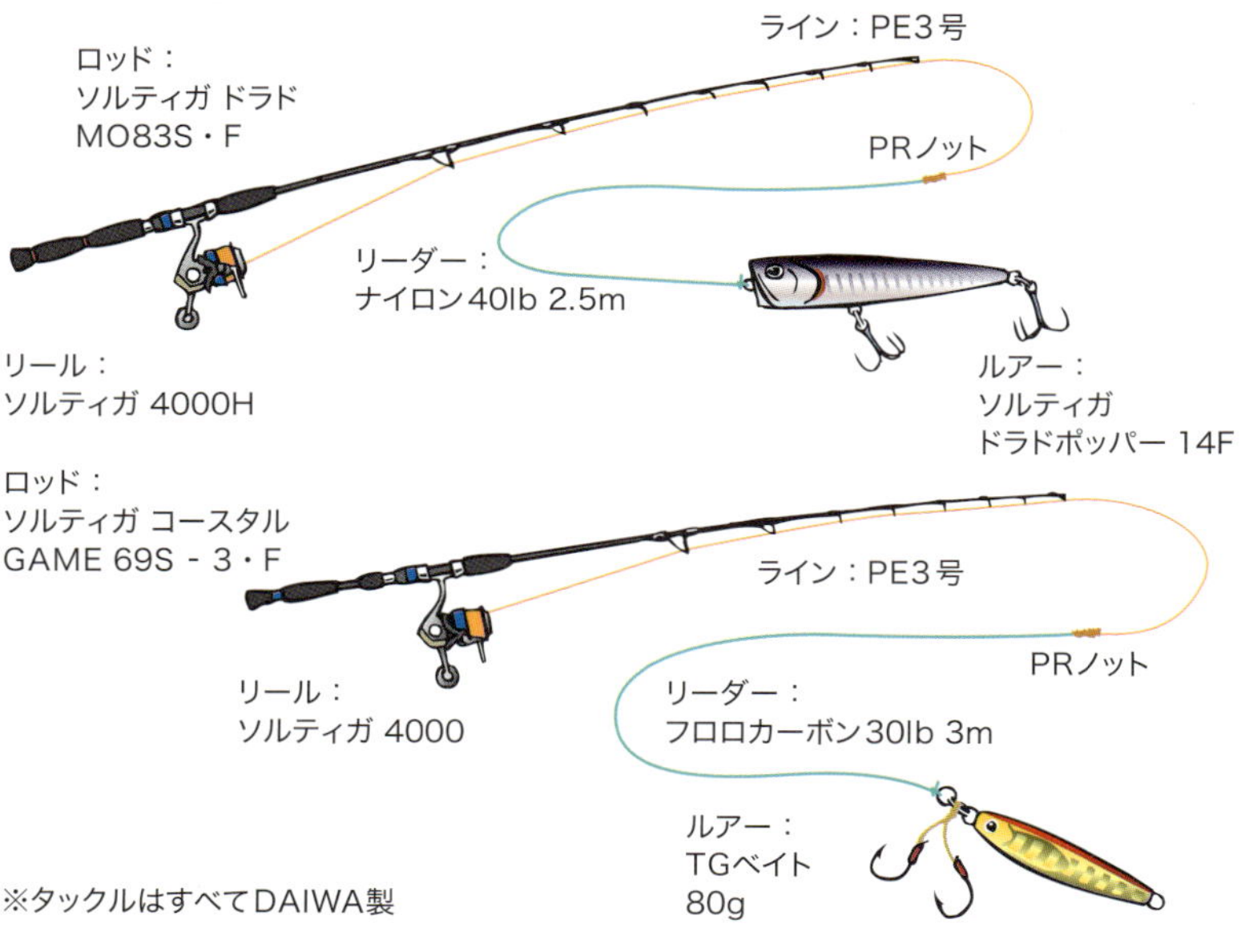

※タックルはすべてDAIWA製

左が今回のヒットルアー。右は和歌山周辺で実績の高いルアーだ

今回は、ライトジギングにも対応できるキャスティングロッドを選んだ

ファーストヒットはドラドポッパー。ポッピングにガバッと出た

この日のファーストヒットは、思惑通りトップに出てくれた。サイズはやや小ぶりだが、岩田さんがネットを入れてくれた

今回のアベレージサイズは50～60センチだった。岩田さんもトップでコンスタントにヒットさせていた

いそうだが、先ほどの情報によると釣れないらしい。魚探にベイトが映らないので、多分、イカかシラスを捕食しているのだろう。なかなか手ごわそうだ。

この日のタックルは、ロッドがソルティガ ドラド MO83S・Fに、リールはソルティガ4000H。ラインはPE3号に、リーダーはナイロン40ポンドだ。

まずは、ソルティガ ドラドポッパー 14Fをキャストしてみる。ルアーは追い風に乗ってよく飛んでくれる。1ジャーク80センチほどで、やや速めにポッピングする。

近くのルアー船を見ても、キャスティングでねらっている。たまにネットも入って、釣れているようである。

しばらくはヒットがなかったが、最初の1尾はドラドポッパーの後ろでガバッと出た。しかし、フッキングしない。トップの釣りの場合はなかなかフッキングしないので、それが余計に燃えてくる。

ポッピングは、ロッドを立てると泡はよく出るが、フッキングが悪い。反対に、ロッドを水面近くまで寝かせてポッピングすると、大きい泡こそ出ないが、水中で泡を引いて、魚にアピールできる。それに、フッキングの確率も上がる。

ファーストヒットは僕にきた。トップの釣りは魚の出方が激しく、興奮して早アワセをしてしまいそうになるが、じっと堪えて、ロッドに重みが乗ってから合わせるようにするといい。50センチほどの痩せたハマチが上がってきた。見た目があまりおいしそうではないのでリリース。しかし、これがあとで悔やまれることになるとは……。

保田さんと岩田さんは、ス

ケルトン（透明）カラーのポッパーを使用。このカラーは最近のはやりで、ベイトがシラスやイカのときに効果的だ。シラスもイカも生きているときは半透明なので、それが効くのだろうか。

保田さんはリーリングを続けながらの速めのポッピングをしている。僕は「スローで止めを入れるほうがいいで」とアドバイスするが、すぐに速引きで釣れてしまった。

しかしその後、ボイルはまったくなくなり、トリもいなくなった。ところが、トップではまったく釣れる気がしない状況だったのに、時合なのか、全員にバンバン出るようになった。

僕はカメラマンに、魚がルアーにバイトする瞬間を撮ってほしいとお願いした。でも、いつ出るかわからないので難しい。そこでポッパーのフックを外してキャストしてみることに。すると、ルアーの後ろがモヤモヤとして、ガバッ

保田さんはPE0.8号でファイトを楽しむ。ルアーはスケルトンカラーのポッパーを使用していた

朝の時合に立て続けにヒット。活性が高いのか、どんなアクションにも果敢にバイトしてきた

トップでの釣りはバイトの瞬間がたまらない。焦らず、しっかりフッキングさせると、思わず笑みがこぼれた

バイトの瞬間をカメラが捉えた！ ただし、早アワセは禁物！ サオに重みが伝わってから、しっかりとアワセを入れよう

ポッパーの様子。ポッパー後方の海面が、モヤモヤとしている様子がわかる。ポッピングによる捕食音に似た音と、ポッパーの曳き波でバイトを誘う

小ぶりの魚でも、トップでは出方が激しい。バイトがあるたびに、興奮してしまう

と出た。しかし、フックがないので乗らない。それでも、2回、3回とチェイスして水面が炸裂する。この作戦は成功で、魚が出る瞬間を写真に収めることができた。

トップ以外も試してみた

次は、いろいろなトップルアーで釣ってみようと、H&Tオリジナルのトミペン12センチ ダイビングペンシルに交換。使い方は同じで、やや強めにジャークすると、ゴボッと泡と音を出してダイブし、水中でくねくねと泳ぎ、浮き上がる。やはり、ルアーの後ろがモヤモヤとなって、数尾のハマチがチェイス。そしてフッキングした。ほかにも、トランペット140（貝田ルアー）やトミポップ150

ポッパーの使い方

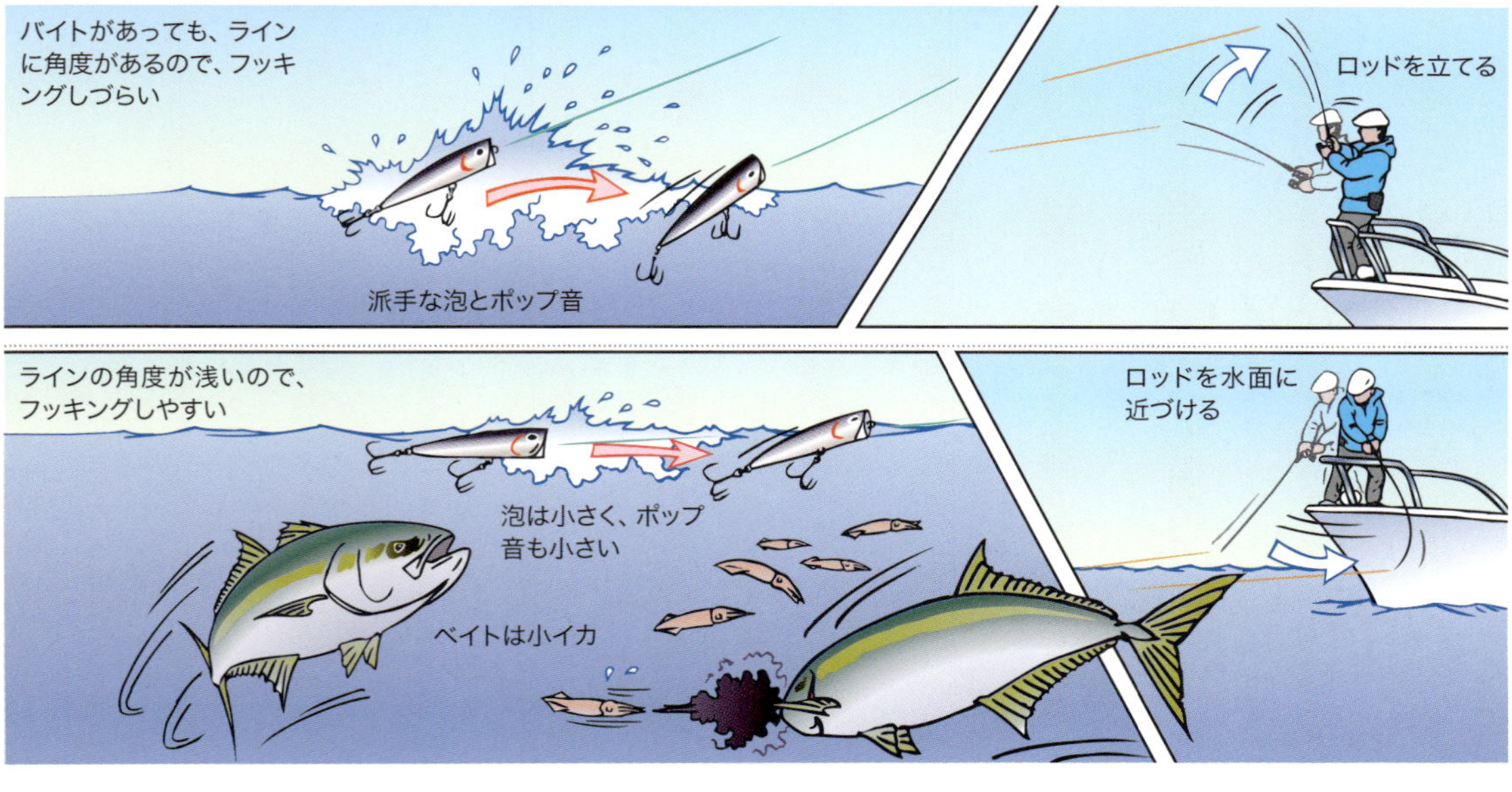

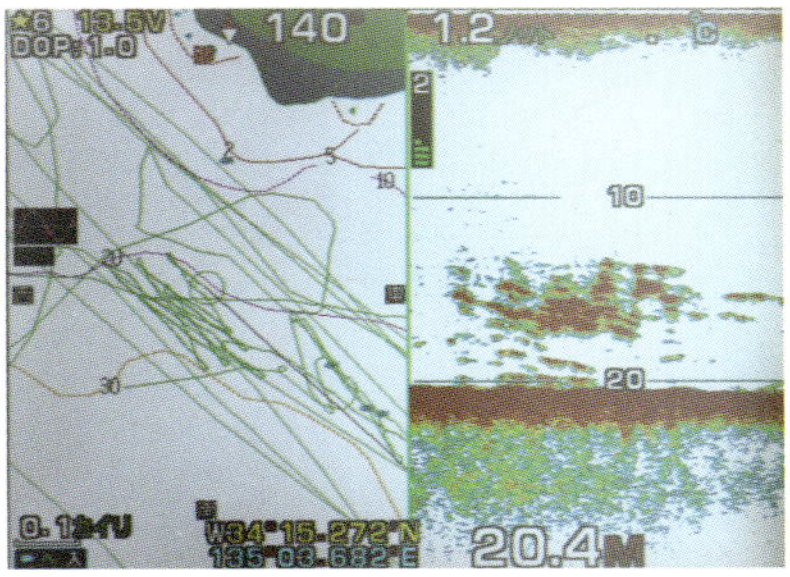

夕方にはポイントが絞れてきた。何度も同じポイントを流したため、航跡が重なっている。流し直すたびに、ハマチがヒットした。活性が高いのか、反応も上ずってきた

（H&T）でもバンバン出た。

しかし、昼ごろになると、ピタリと食いが止まり、なにをしても反応がなくなった。魚探には相変わらずハマチの反応が映っているのに。

そこで、タイラバやジギングでねらってみることにした。魚礁を中心に反応が出るところを流したが、僕にはまったくアタリがなく、シ

ハマチがいることがわかっているので、キャストするたびに期待が高まる。この日は、フネから離れたところでのヒットが多かった

僕の知り合いの遊漁船〈三郎丸〉では、サワラがキャッチされていた。僕もリーダーを切られているため、サワラの回遊もあったようだ

夕方の時合に突入したようだ。1回のキャストで2回、3回とバイトがあり、ボートは興奮に包まれた

ミズ記者がジギングでハマチ1尾を釣ったあと、サワラにジグを持っていかれた。なかなかの手だれである。

僕もタングステン製のTGベイトを横にキャストして、広く探ってみる。ハマチに有効なジャークパターンは、着底して「ジャカジャカ巻き」で5メートルほど巻き上げ、そこで急にリーリングを止め、少しフォールさせる。追ってきたハマチは、急にジグの動きが変わったので、慌てて食いつくことが多い。

しかし、この日はまったく当たらない。そこで、ジャカジャカ巻きのあとに、ロングジャーク3回とワンピッチを組み合わせた、通称「コンビネーションジャーク」を試す。日本海の丹後地方が発祥で、「丹後ジャーク」ともいう。それでもダメなので、諦めて夕方の時合までのんびりと食事タイムにした。

比較的小さい魚(といっても優に50センチは超えている)はリリースした。あんなに脂が乗っているなら、すべてキープしておけばよかったと、後悔している

夕方の時合に入れ食い!

15時ごろから風がますます強くなり、白波で真っ白に。でも、島影なので波高は30センチくらい。大阪湾から来ているルアー船は、帰りが大変だろう。北

まさに入れ食いモード!季節、ポイント、パターンがハマると、ヒットが止まらなくなる。状況を読み切った結果だ。これぞルアーゲームの醍醐味!!

西風のとき、大阪湾は大時化になる。

　そのころから、またトップに出だした。シミズ記者もトップで1尾釣り上げ、

「ナブラもないし、トリもいないのに、トップでバンバン出てくるなんて不思議な釣りですね〜」

　と感心しきり。昨年のこの時季、保田さんと取材した際もイカがベイトだったが、すごい数のボイルで、トップでもジグでもよく釣れた。同じ海域なのにパターンが違う釣りで、トップでの釣りも単調に思えるが奥が深い。

　16時をすぎると、まず保田さんにヒット。続けて岩田さん。「僕も釣れたら〝トリプルクロス〟や！」と思っていたら、僕に釣れずにシミズ記者が釣り上げる。流すごとにバイトがあり、艇上はお祭り騒ぎ。イケスもいっぱいになったので、全員満足して帰港した。

　釣ったハマチは痩せていた。多分、脂が乗っていないので、カルパッチョくらいにしかできないと思い、2尾だけもらって帰った。港から自宅までは40分程度なので、新しければコリコリした食感でうまいだろうとさばいてみると、身はあめ色で、皮との間は脂がノリノリ。食べてみると、コリコリ感と、口いっぱいに甘みが広がった。

夏のハマチはカタクチイワシを捕食しているため、脂はすごいが、少しイワシの臭いがある。この時季のハマチはイカがベイトなので、このうまさなんだろう。リリースしたり、フネに魚を置いてきたりしたことをすごく後悔した。3日置いて刺身にすると、身は柔らかいが全身に脂が回って、寒ブリを思わせるうまさだった。


終盤は帰港するタイミングを失ってしまった。うれしい悩みだが、保田さんの1尾で、沖上がりとした

釣果の一部。魚体は比較的細身だが、本当にうまかった

北東風が強まり、大阪方面から来ていたフネは、帰りがつらそうだった

今回のミッション達成率

100%

今回は達成度100%！ 最高に楽しい1日でした。夏を迎えるとイワシが入ってくるはずなので、マダイをはじめ、メジロ、サワラ、そしてクロマグロゲットに期待が持てる。

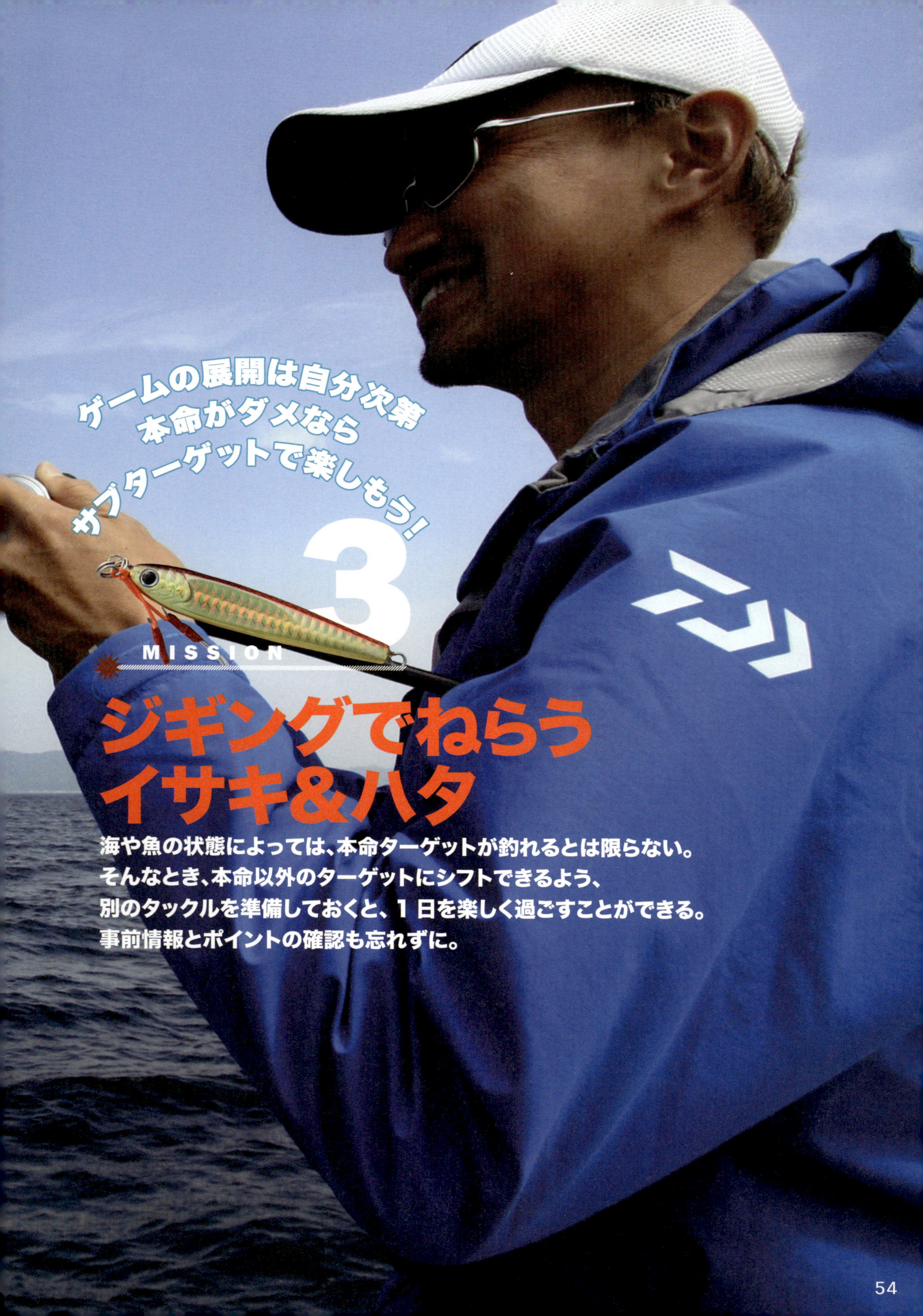

ゲームの展開は自分次第
本命がダメなら
サブターゲットで楽しもう!

MISSION 3

ジギングでねらう イサキ&ハタ

海や魚の状態によっては、本命ターゲットが釣れるとは限らない。
そんなとき、本命以外のターゲットにシフトできるよう、
別のタックルを準備しておくと、1 日を楽しく過ごすことができる。
事前情報とポイントの確認も忘れずに。

和歌山県・中〜南紀

マグロがダメならイサキ&ハタを攻略せよ!!

◉ボート倶楽部 2012年10月号掲載

今回のボート

窪田さんの愛艇、225馬力の船外機を搭載した〈グレース〉(ヤマハYF-27)で出航。このサイズになると、大阪湾から南紀までのフィールドを縦横無尽に駆け回れる

今回のメンバー

今回のボートオーナーは、プロカメラマンの窪田郁久さん(左)。窪田さんの奥さまもボート釣りが大好きで、ご夫婦で釣行されることも多い

標的はクロマグロ

最近の僕はビッグゲームより、食べておいしい魚をねらう傾向が強い。例えばアジ、サバ、イサキなど、普段はエサ釣りの対象魚で、ジギングではなかなかねらって釣れない魚種だ。

例年5月から6月にかけて、南紀から中紀にカタクチイワシが押し寄せる。普段はアミなどを食べている魚がカタクチイワシに着いて、それらがタングステン製メタルジグのTGベイトなど、小型ジグで爆釣する。イワシを食べている魚は、脂が乗ってうまい。イサキやゴマサバなどは、ほんとうにおいしい。

4年前に25キロ級を日ノ御埼で釣って以来、クロマグロの芳しくない年が続いた。今年は久しぶりにイワシが多く、クロマグロも5月から好調に釣れている。今回は、「今なら釣れる」とイトー記者に連絡し、急きょ取材が決まった。まあマグロがだめでも、イワシに着いたマダイやイサキ、ハタ類、サバが釣れるし。

"ジギングしたい虫"が……

今回のオーナーは、プロカメラマンの窪田郁久さん。愛艇の〈グレース〉(ヤマハYF-27)で、5月16日に和歌山マリーナから出航した。

和歌山マリーナは、紀北の友ヶ島周辺や淡路沼島、中紀の日ノ御埼などにも手軽に行ける絶好の立地条件。家族連れには「和歌山マリーナシティ」や「紀州黒潮温泉」もあり、お父さんは釣り、家族は遊園地で遊んで、帰港後は家族でゆっくり温泉、というプランも可能だ。

朝できるだけ早く出航して、日ノ御埼を目指す。当日は最高のクルージング日和で、フネはベタ凪の海を快適に進む。約1時間で日ノ御埼を越え、"高専沖"と呼ばれるポイントに到着。5月は南部〜関電周辺の、日ノ御埼よりやや南でマグロが出没する。朝8時ごろまでがチャンスだ。

5月9日にはマグロねらいでルアー船に乗って、スーパーボイルの連発にもかかわらずノーバイトであった。しかし近くのルアー船は、10〜20キロ級を、船中11尾と爆釣。あとで聞くと、僕たちはシンキングのジグミノーを多用したが、そのフネは全員フローティングプラグの誘い出しで釣れたそうだ。エサが多すぎるのか、今年のマグロのパターンは難しい。

前回よくボイルの出た水深30メートル付近で、エンジンを切ってマグロのボイルを探す。窪田さんと一緒に目を凝らしてボイルを探すが、

当日はベタ凪で最高のクルージング日和。日ノ御埼を越えてさらに南下し、印南沖方面を目指す

まったくマグロは出ない。すると、"ジギングしたい虫"がうずうずしてくる。マグロタックルを、用意していたジギングタックルに持ち替える。

フネの流し方の違い

ジギングタックルは、ソルティガＢＪ65ＸＨＢにリョウガ ＢＪ Ｃ２０２０ ＰＥ-Ｈのセット。ラインはＰＥ1・5号で、リーダー30ポンド、ジグはＴＧベイト１００グラムに、アシストフックは2／0をフロントに2本。

タックル図にはイサキ用とハタ用を分けて紹介したが、とりあえずはどちらもねらえる中間的なシステムで始める。

このあたりは広い瀬になっていて、周りにはアンカリングして、サビキでイサキをねらっているフネが多い。イサキはほとんどが30センチ以上の大型で、40センチ級も釣れることがある。習性がマアジと似ているのか、普段はアミなどを食しているが、イワシが多いとフィッシュイーターに変身するようで、活発にジグを追う。それと産卵期のイサキは気が立っているのか、ジグにアタックしてくることが多い。

おいしい高級魚のオオモンハタやアカハタも同じポイントでねらえるし、夏になると、80センチ級のスジアラも回遊してくる。

ハタ類をねらう場合、フネの流し方はスパンカーを使わず、フネを風に任せて流すドテラ流しが基本。オオモンハタやスジアラは、クエなどのようにピンポイントに着くハタではなく、瀬を広く回遊する。潮が速いときはスパンカーでフネを立てても釣れるが、このあたりは潮の干満よりも、黒潮の影響で

当日の第1ミッションは、長年この連載で追い求めているクロマグロのキャスティングゲーム。絶好のタイミングで取材に臨んだので、この日こそはと期待する

しばらくマグロ探しに集中するものの、あまりにボイルがないと、おいしい魚が釣れるジギングをしたい衝動が抑えきれなくなる。すると、すぐにヒット！

当日、何度かはマグロの姿が確認できた。あとはタイミングと運が重なれば、きっとヒットしてくれるはずなのだが……

潮の流れが決まる。黒潮が離れると潮が流れないので、風でフネを流すようになる。

反対にイサキは、瀬をドテラ流しにしてもたまにヒットしてくるが、数を釣るならイワシの反応をピンポイントで攻めることだ。マダイと同じで、イワシの群れに着いて移動しているようだ。

ハタとイサキの攻略法

イワシのベイト反応を探すが、この日はあまり大きな反応がない。イワシがいないときは、魚探で、できるだけ底がデコボコしている場所を流す。回遊しているハタ類をねらう場合でも、やはりストラクチャーがあるほうがいい。ポイントがわからないときは、イサキのカカリ釣りのフネを探そう。

オオモンハタねらいは、底から10メートルくらいまでをワンピッチでねらう。今回はイサキもねらうのでTGベイトを多用したが、ハタ類には大きめのジグを使うほうが食いがいい。というのも、ハタは縄張り意識が強く、小さいジグをエサとしてバイトしてくる以外に、大きめのジグは敵だと思ってアタックもしているように思うからだ。友人は水深30メートルくらいで200グラムのロングジグでよく釣っているし、ダンシングマジック（鰤神工房）のような、30センチで240グラムの（比重が小さい）アルミ製ジグもいいかもしれない。

対してイサキはハタと違い、小型のジグほどよくヒットする。イサキの口を見ると、どう見てもフィッシュイーターの口ではないので、イワ

上がタングステン製のタイラバ、ベイラバーTG（DAIWA）。下が今回大活躍したタングステン製のメタルジグ、TGベイト。イワシがいるときはTGベイトの独壇場になる

当日のタックルは、マグロ用のキャスティングタックルと、イサキ&オオモンハタ用のジギングタックル。最近はこんなスタイルの釣りが多い

当日の使用タックル

※タックルはすべてDAIWA製

まずは僕のタイラバにヒットしてきたオオモンハタ。南紀に釣行するときはいつも、このオオモンハタのことが気になって仕方がない、大好きな魚

やや小型だったため、掛かりどころを確認して一気にゴボウ抜き！

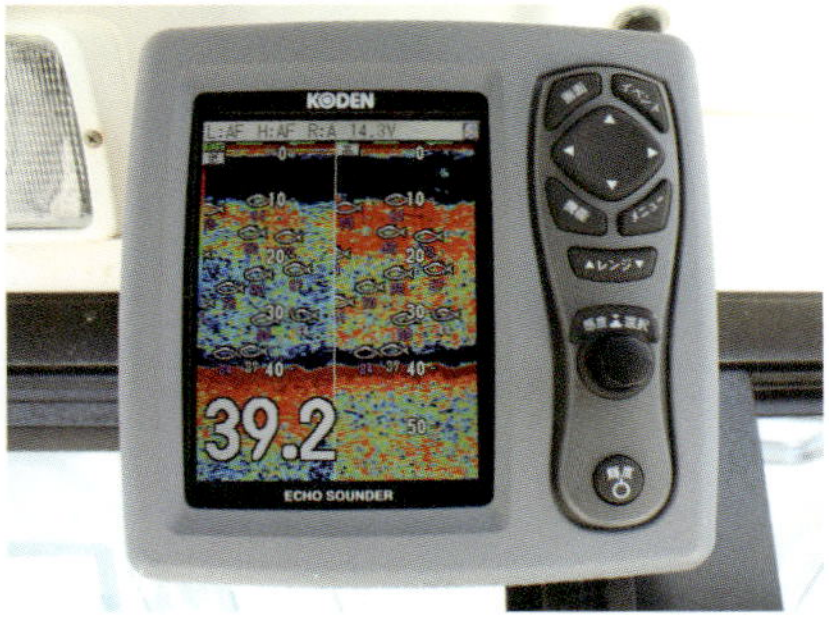
KODEN
39.2
ECHO SOUNDER

魚探画面は、大部分がイワシの群れの反応で覆い尽くされていた。魚体長表示は小魚が重なると大型魚のサイズを示すこともあるが、海底とくっきり分離しているのは、分解能の高いデジタル魚探ならでは

イサキ&オオモンハタのジギング攻略法

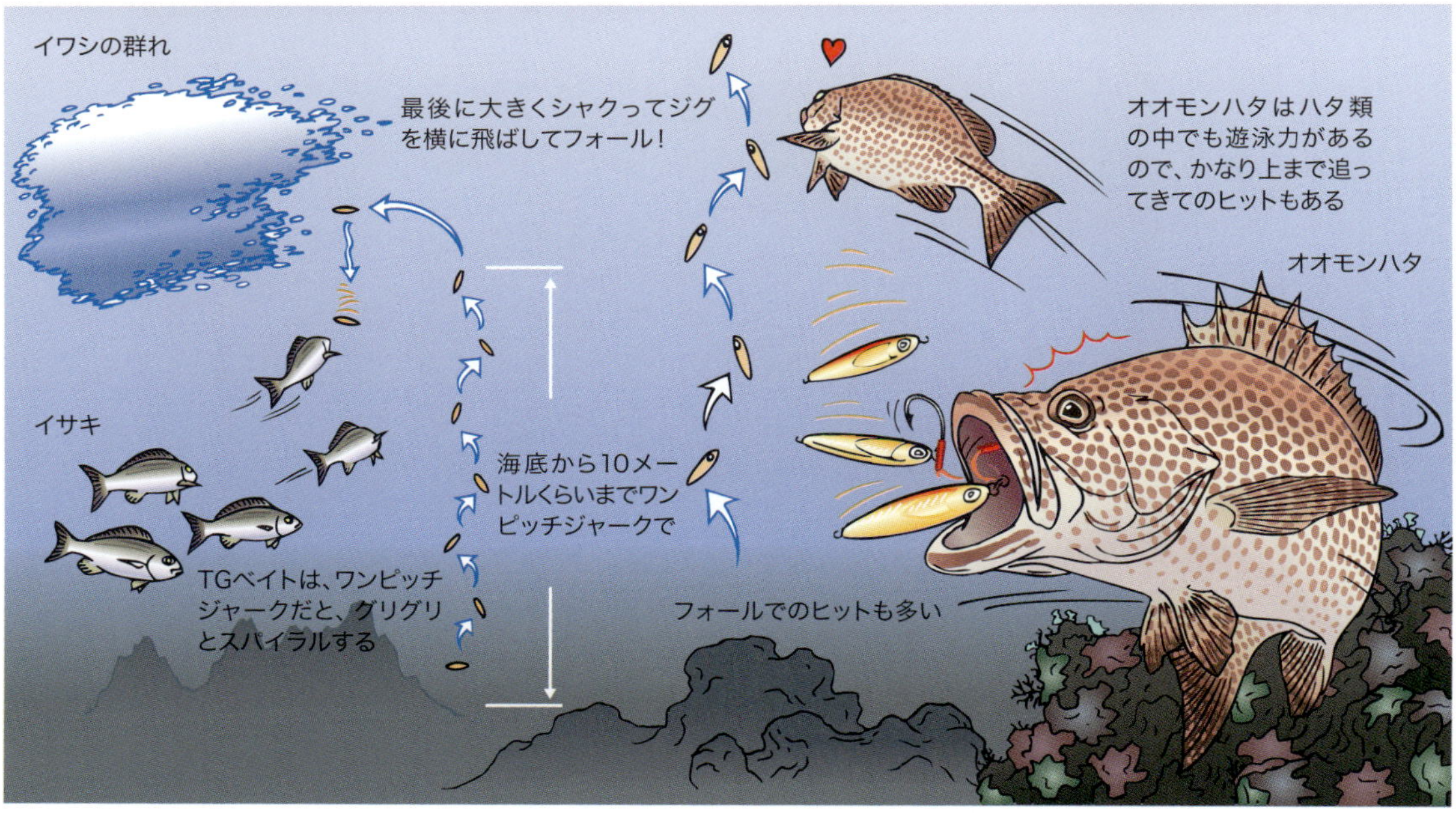
イワシの群れ
最後に大きくシャクってジグを横に飛ばしてフォール！
オオモンハタはハタ類の中でも遊泳力があるので、かなり上まで追ってきてのヒットもある
オオモンハタ
イサキ
海底から10メートルくらいまでワンピッチジャークで
TGベイトは、ワンピッチジャークだと、グリグリとスパイラルする
フォールでのヒットも多い

窪田さんも順調にジグでヒットさせる。青ものとは違う、走らないがトルクのあるヒキを楽しんで……

シの時季限定でジグを追うようだ。従来イサキは、マダイやハタねらいの外道で釣れる程度だったが、今ではジギングでねらって釣れるようになった。

　イサキをねらうには使うジグも重要だが、シャクリのパターンで、ヒットを連発させることができる。ハタやマダイ同様、やや速めのワンピッチが基本だが、食わせるタイミングがある。底からワンピッチでシャクっていると、コン、ググッと小さめのアタリがある。これは、イサキがジグを追い食いしているが、口が小さいためにフッキングしない状態である。

　そこで、ロッドを大きめにシャクってジグを横に飛ばし、フォールで食わせる。フォールでのバイトは、外れがないくらいにフッキングしてくる。

グルメ釣行、大成功

　初めのうちはあまりイワシの反応がないので、タイラバを使用することにした。オオモンハタは、イワシのいる時季はジグによくヒットするが、ほかの時季はタイラバのほうがいい。ただし、マダ

僕のアシストでネットインしたのは……

このオオモンハタに似た種に、ホウセキハタがいる。写真ではわかりにくいが、オオモンハタの尾ビレは白く縁取られて直線的、ホウセキハタの尾ビレは白い縁取りがなく丸いのが特徴

窪田さんは良型のオオモンハタを立て続けにヒットさせるなど絶好調。奥さまにおいしい魚を持って帰れると喜んでいた

オジサンとも呼ばれるオキナヒメジ。初めて食べたときは、そのうまさに感動した。ヒゲがあるなど、見た目がグロいのでリリースする人がほとんどだが、僕は必ずキープする

TGベイトに食ってきた、良型のオオモンハタ。味のよさはもちろん、とても鮮魚店で買えるような値段の魚ではない。僕のグルメランキングでは、かなり上位にランクインされるターゲット

イサキも産卵期のころにはジギングでねらえるターゲットになる。口が小さいので、TGベイトが圧倒的な強さを発揮。フックも1～1/0と比較的小型のほうが掛かりがいいだろう

イワシが餌床となって突き上げられている捕食シーンも見られたのだが、いずれもヒットには持ち込めず。こんな状態がしばらく続くスーパーボイルに遭遇するのに期待

ジギングをしていても、気持ちはマグロから離れたわけではない。それらしいボイルやイワシのナブラがあると、すぐにキャスティングにチェンジする

マグロのキャスティングに使用したのは、このようなフローティングのポッパーやダイビングペンシル。ボイルにはシンキングペンシルも定番なのだが、日によって違うようだ

アカハタの口から出てきた、イワシのような小魚と、イセエビよりも高価なセミエビの子ども。高級魚は食べているエサも高級だ

TGベイトに、これまた高級魚のアカハタがヒット。南方系の魚で、中紀以南に来るとたまに釣れる、うれしいゲスト

イ用のタックルより少し太仕掛けにする。ハタはヒット直後は根に走るので、ラインブレークするためだ。ライトジギングタックルでOKで、リーダーは最低20ポンドは必要だ。

最初は僕にきた。タングステン製のベイラバーTG（DAIWA）で底を取り、速めに巻き巻きしていると、ググッとマダイとは違うアタリ。初めは底に突っ込むが、あとはスイスイ上がってきた。40センチくらいの小型のオオモンハタ。このサイズなら、そのまま蒸し器で清蒸（中華風酒蒸し）にできる。帰ってからが楽しみだ。

イサキのカカリ釣りポイント付近は、底が荒くてハタ類の棲み家になっている。TGベイトで窪田さんも50センチ級をゲット。潮が変わったのかイワシの反応が出てきたので、僕もTGベイト

群れでいるイサキは連続ヒットも多い。だが、フッキングさせるにはコツがある。ワンピッチジャーク中にバイトがあったら、ルアーを飛ばしてフォールで食わせると掛かりがいい

に交換。その後はイサキ、アカハタ、オジサンが連発した。

オジサンは見た目が悪くリリースする人が多いが、三枚におろしてひと口大に切り、塩、コショウ、紹興酒をまぶして油で揚げる。それに中華あんをかけると、おそろしく美味！

今回の本命はマグロなので、昼から日ノ御埼周辺に移動。こちらはイワシが多いが、砂底が主体なので、エソやサバフグがうるさい。

カモメが2羽飛んでいるので、目で追っていると急に旋回し始めて急降下！ イワシがマグロに吹っ飛ばされている理想的なボイルが起こった。いいところにルアーが入ったが、食ってこなかった。その後も数回の単発ボイルがあったが、ヒットには持ち込めないまま、おいしい魚をおみやげに、帰港することにした。

最後は白崎沖で、ブリにも期待しつつキャスティングでねらうが、この日はノーヒット。なんとかこの連載でマグロを仕留めたいのだが……

イサキ、オオモンハタ、アカハタ、ゴマサバなど、おいしい魚がずらりと並んだ。グルメ釣行としては大成功。イサキもジギングの確かなターゲットになってきたのがうれしい

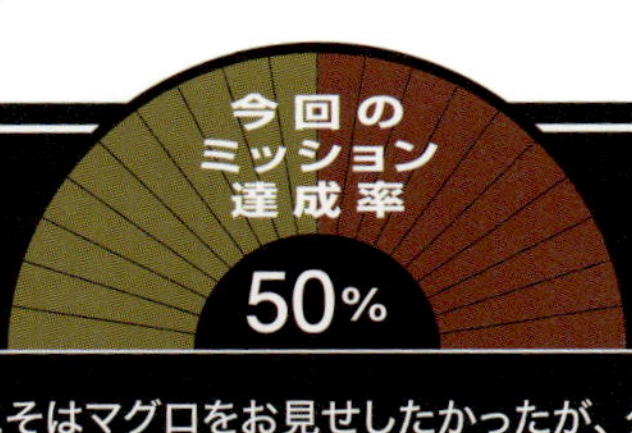

今回こそはマグロをお見せしたかったが、グルメ釣行で終わってしまった。でも窪田さんは「こっちのほうが嫁さんが喜ぶわ〜」とうれしそうだったので、ミッション達成率は50%。

潮流の変化に合わせて
ダブルヘッダー！
時間帯でターゲットを選ぶ

MISSION 4

ブリ→タチウオのリレー釣り

魚種によって、釣りやすい潮流の速さは異なる。つまり、潮流が変化する時間を把握しておけば、1日の間に、複数のターゲットを効率よくねらえるのだ。古谷氏のホームグラウンド、淡路島南部周辺や紀北エリアでは、多くのボートアングラーがこれを実践している。

4 兵庫県・淡路島沖

冬の大阪湾でブリ&タチウオをゲットせよ!!

◉ボート倶楽部 2015年1月号掲載

今回のボート

今回のボートは〈グレース〉(ヤマハYF-27)。スパンカーやアフトステーションなど、バリバリの釣り仕様。船外機は225馬力を搭載

今回のメンバー

ボートオーナーの窪田郁久さん。当連載にたびたび登場していただいているエキスパートだ。今回は、急きょ取材をお願いした

潮回りと潮流を考慮する

本連載で僕が釣っていない魚種は、クロマグロ、それにタチウオである。クロマグロはさて置き、タチウオは簡単に釣れると思われがちだが、なかなか手ごわい魚。

まぁ、潮を選んで1日タチウオで通せば釣れるのだが、近くにブリやマダイが釣れるポイントがあるので、つい、そちらに食指が動いてしまう。

特に、晩秋はタチウオが好期だが、そのタチウオを食うブリも食い盛る。それで、タチウオねらいで釣行しても、潮が速くタチウオが渋いとブリをねらい、潮が緩んできてもそのままブリをねらい続けるというパターンで現在に至っている。

そこで今回は、絶対にタチウオがメイン!と釣行計画を立てた。潮は緩いほうがいいので小潮。ただし、2013年のタチウオ取材では小潮の1日目に撃沈したので、2日目をねらった。しかし、当初の取材予定日は冬型の気圧配置で強風が吹く予報のため中止に。

そこで、締め切りも近いので、若潮の10月3日しかないと決断。しかし、またもや北西の風10メートル/秒で取材が流れてしまった。いよいよあとがないので、いつも苦しいときに助けてもらっている窪田郁久さんに、急きょ取材をお願いした。中潮の2日目でタチウオには潮が速そうだが、窪田さんの都合がいい10月5日に取材決行となった。

当日の潮は、友ヶ島水道が9時に転流し、11時45分に引き潮が最速2・4ノット。次の転流が14時半で、17時半に満ち潮が最速1・8ノットとなる。

朝は潮が速く、タチウオにはよくなさそうなので、引き潮のポイントでブリをねらい、昼からは満ち潮で潮流が少し緩まるので、そこからはタチウオをねらう計画。

前日の遊漁船情報を見ると、エサ釣りでもジギングでも、タチウオはかなり釣れているので期待が持てる。ねらいは14時半の転流から、潮が緩くなる1時間くらいだ。

まずはロングジグでブリねらい

朝9時に和歌山マリーナを出航。ベタ凪の海を、窪田さんの愛艇〈グレース〉(ヤマハYF-27)は大阪湾内の淡路島沖を目指した。最初は青ものポイントへ。最近は、遊漁船もタチウオパターンでメジロ、ブリを釣っており、すでに小規模な船団が形成されていた。知り合いの遊漁船やプレジャーボートもいたので、あいさつを交わして船団にお邪魔する。

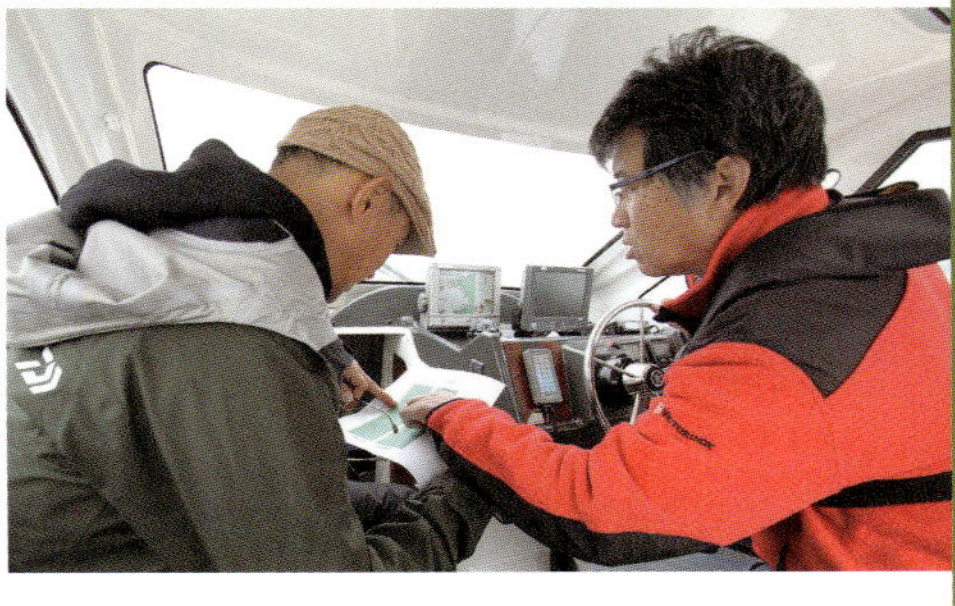

ポイントに向かう途中、転流時間を見ながら釣行プランの打ち合わせ。友ヶ島や淡路島周辺では、時間によって潮の速さが大きく違うため、ターゲットや釣り方にとても影響する

当日の使用タックル

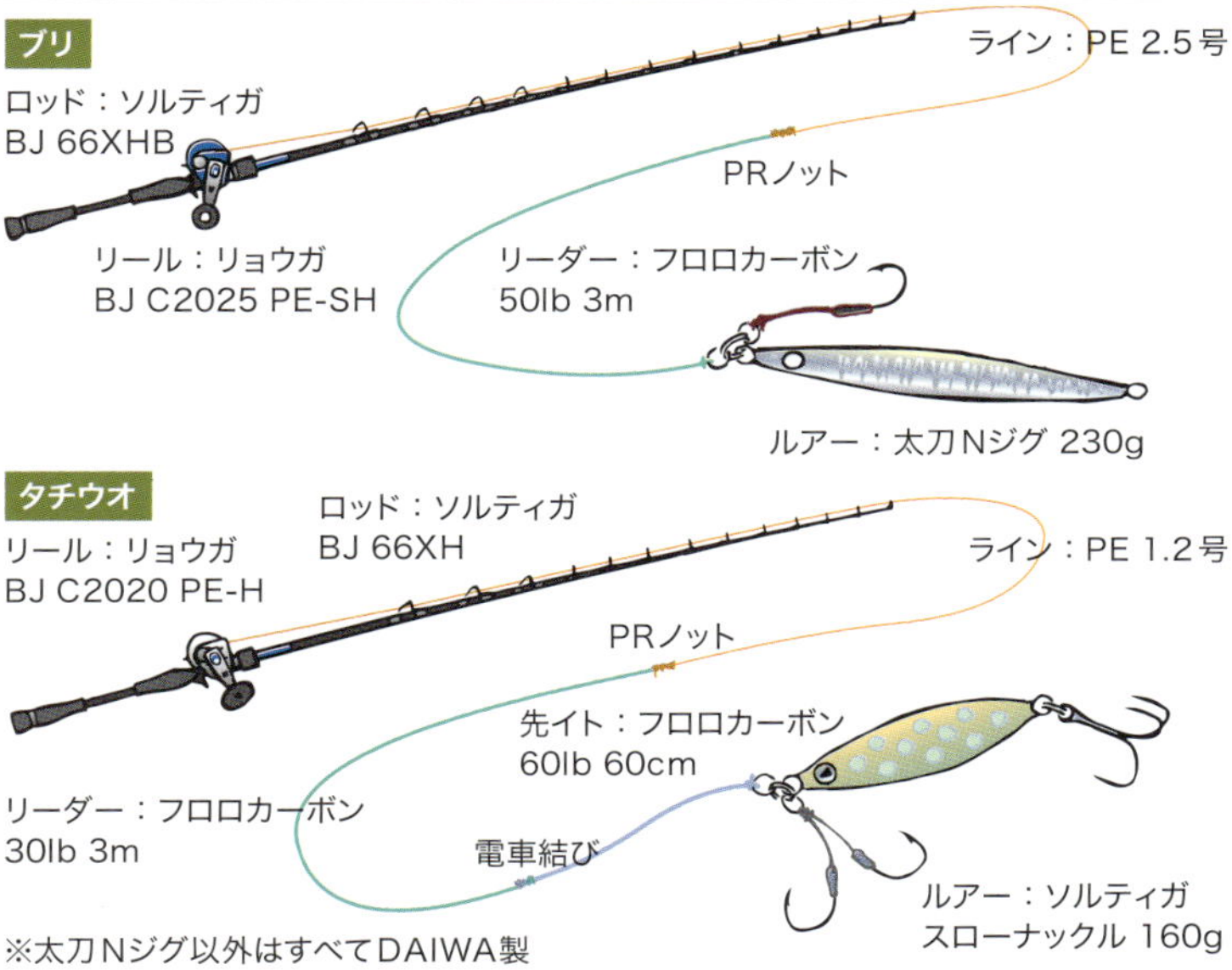

※太刀Nジグ以外はすべてDAIWA製

今回はメジロ、ブリ用のロングジグと、タチウオ用のスロー系ジグを用意。ちなみに窪田さんは、ロングジグでブリもタチウオも釣り上げた

ブリがヒットする可能性があるため、それに合わせたタックルを用意したい。タチウオは、鋭い歯によるラインブレークを防ぐため、リーダーの先に先イトを結ぼう

窪田さんはリーダーから切られた。おそらくサワラの仕業だろう。このあと、窪田さんはリーダーにゴムチューブをかぶせ、サワラ対策を施していた

ブリ……ではなかったが、70センチ級のメジロだった。メジロとは思えないファイトに、魚の状態のよさがうかがえる

スパンカーを張り、風に立てながらボートを潮に乗せる。1.5～3ノットの潮流だったので、トモ流しでは難しいだろう

当日のエリアは、スパンカー流しでポイントをローテーションする。潮上に戻る際のスピードは10ノットまでというローカルルールもある

数流し目で、僕のロッドにドスンときた！ 魚が力強く走るたび、ロッドが海中に引き込まれる。これはブリかもしれない……

ポイントは水深50～30メートルにかけての瀬で、根掛かりが激しいところ。潮は転流したばかりだが、2ノットくらいと青ものに最適な速さだ。

タックルは、ソルティガBJ 66XHBに、リョウガBJ C2025 PE-SHをセット。ラインはPE2・5号にフロロカーボンリーダー50ポンドを結び、ジグはH&Tのオリジナル、太刀Nジグ230グラム。フックは5／0。

窪田さんに大物がヒット！ やり取りの最中、ラインがボートの下に入り込まないよう、僕は操船でサポート

この時季としてはライトなタックルなので、慎重にファイトする窪田さん。魚はいつまでも元気で、寄せては走りを繰り返す

約20分のファイトの末、見事85センチ級のブリをゲット！ ライトタックルでも、窪田さんは冷静に対処した

周りの遊漁船を見ると何隻かヒットさせているので、ドキドキしながらジグを落とす。いつものタチウオベイトパターンは、ゆっくりめのワンピッチ3回のあとに大きくロッドをシャクり上げ、そのままテンションをかけてジグをフォール。今シーズンは、このパターンで、紀北と明石で90センチを2尾上げている。

数回目の流しで、フォール中にジグの重みが消えた。すぐに大きくフッキング！するとドスンときた。潮も速いのでめちゃくちゃ引く。窪田さんに、「これは絶対ブリ」と宣言！ 近くを通る知り合いの遊漁船も見ているので、「ブリやで!」とアピール。何回も水中にロッドが突き刺さり、ハラハラさせられる。水中にギラリと魚が見えた。しかし、それほど大きくなくて、普通サイズのメジロだった。遊漁船の船長にも、「メジロでした。すいません」と照れ笑い。

その後は潮が3ノットとますます速くなり、底も取りにくくなって根掛かりが連発。潮が速くなると、少しでも潮が緩い、深いところのヒットが多いので、水深55メートル付近まで移動する。その作戦が当たって、水深50メートル付近で僕にヒット。やはりフォール中のアタリだった。今度はすんなりと小型のメジロが上がってきた。

窪田さんは太刀Nジグを持っていなかったので使ってもらう。

「大きくシャクってフォールさせて」

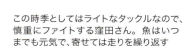

とアドバイスすると、すぐにヒット！ かなりいいサイズだったが途中でバレてしまった。

潮が速くなると、ジギングはアタリが少なくなる。それでも、アジを使ったノマセ釣りはボチボチとメジロを上げている。潮が速いと魚が底にへばり着き、底近くをずっと流せるノマセ釣りに分があるのだ。

アタリがなくなったので

窪田さんのロングジグにはマダイがヒット。メジロやサワラだけでなく、マダイもタチウオの幼魚を捕食しているようだ

そろそろタチウオねらいかな、と思っていたら、窪田さんがマダイを釣り上げた。それもロングジグで。この時季は、マダイもタチウオの

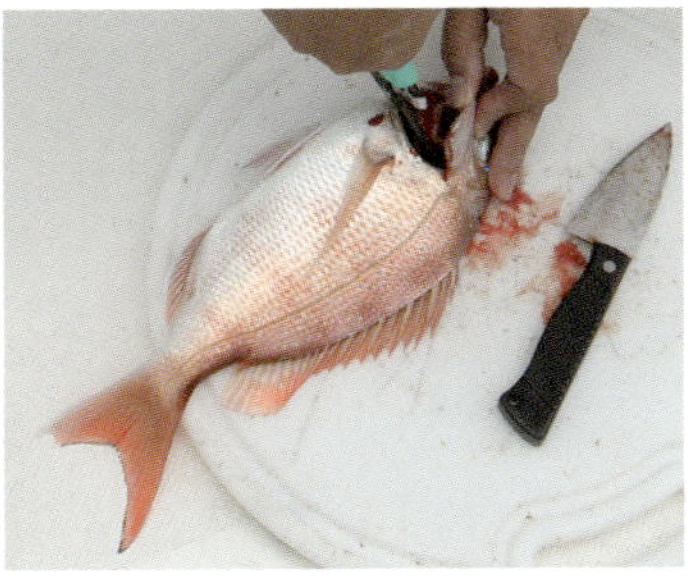

少し弱っていたので、イケスに入れずに血抜きを行う窪田さん。おいしく持ち帰ることも忘れない

タチウオをベイトとするメジロ、ブリに有効なアクション「ロングジャーク＆フォール」

大きくジャーク
少しラインにテンションをかけながらフォール
ジグの重みがなくなったり、ラインがふけたりと、違和感があったらヒットの合図
アクションは底から5メートル付近まで。特に、潮が速いエリアでは魚が底べったりなので、魚探に映りにくい
ジグが横に飛ぶ
HIT！

稚魚を食べているようだ。

　僕にもまたメジロがヒットしたが、あと少しのところでフックオフ。「青ものの写真はもうええから、釣ったら？」と、シミズ記者にロッドを渡すと、待ってましたと言わんばかりにシャクり始める。すぐにメジロをヒットさせたが、これもバラシ。

　時合が来たのか、すぐさま窪田さんがヒットさせる。異様に引いてるので、

「これはブリ。ゆっくりいきましょう」

　と僕。すごく苦戦してるので、

「ラインは何号？」

　と聞くと、

「ごめん1・2号。リーダーは8号」と、申し訳なさそうな窪田さん。この時季は10キロ級のブリも混じるので、細いラインはまずい。昨

タチウオのジャークパターン例

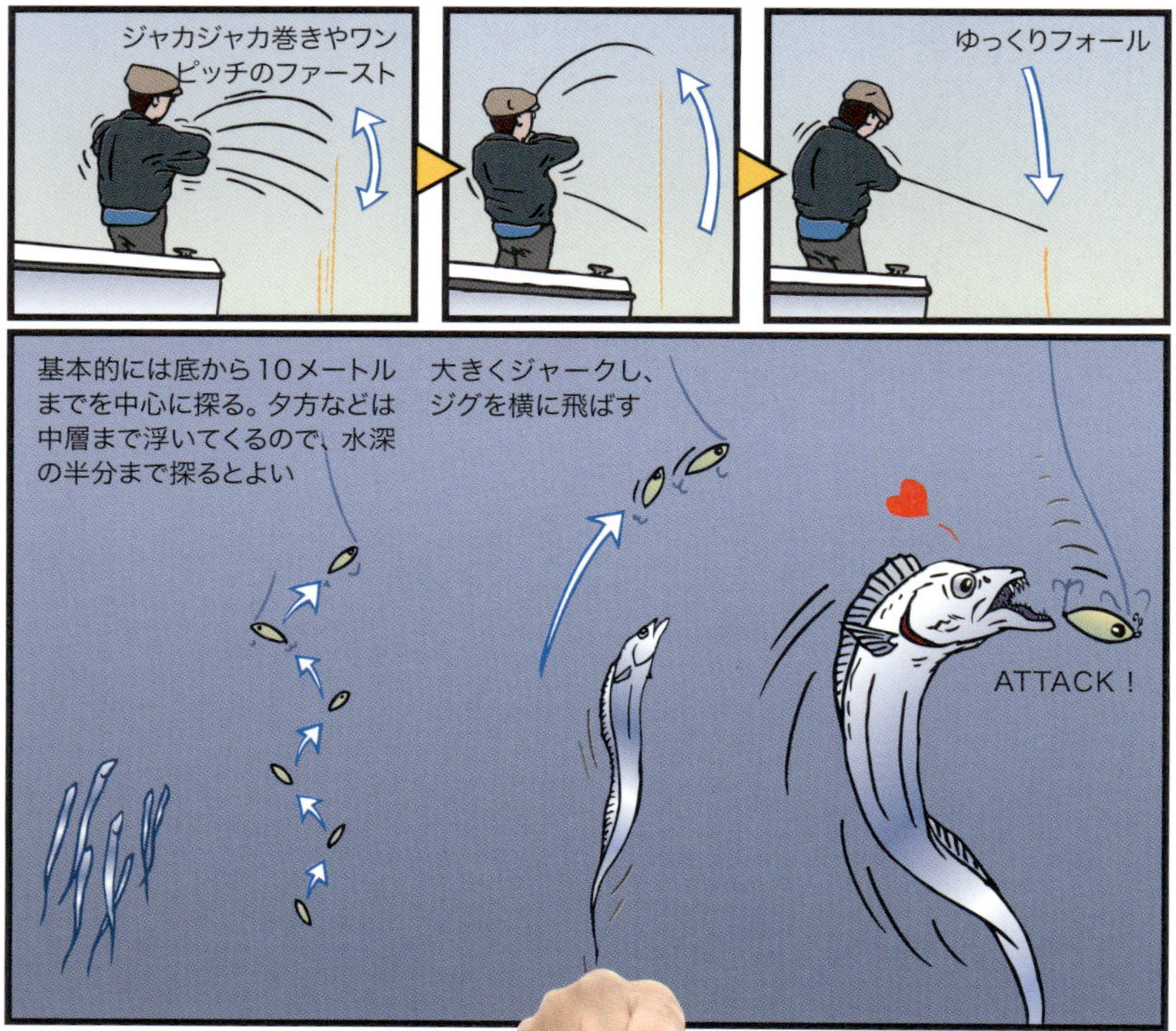
ジャカジャカ巻きやワンピッチのファースト
ゆっくりフォール
基本的には底から10メートルまでを中心に探る。夕方などは中層まで浮いてくるので、水深の半分まで探るとよい
大きくジャークし、ジグを横に飛ばす
ATTACK！

タチウオのポイントは淡路島沖。水深80メートル付近とやや深いポイントのため、窪田さんは電動リールを使っていた

いろいろなアクションを試したが反応がなく、ルアーを回収しているときに水深50メートル付近でヒットした。タチウオ釣りは奥が深い……

1尾目はあっさり釣れたが、その後はしばらく小康状態に。魚探にはちらほらと反応が映っていたが、活性が低いのか、時合ではないのか

いろいろなパターンを試し、ヒットに持ち込めた。試行錯誤の末に結果が出ると、喜びもひとしおだ

ジャカジャカ巻きのあと、大きくジャークしてジグを飛ばし、フォールさせる。頭の中ではジグの動きをイメージしよう

タチウオの鋭い歯には十分注意しよう。メゴチバサミがあると便利で安全だ

途中から抵抗しなくなったと思ったら、案の定、腹と尾にフックが刺さり、丸まって上がってきた

この日、窪田さんはロングジグで３種類の魚を釣り上げた。良型タチウオの腹を開くと、共食いしたタチウオの幼魚が出てくることがある

窪田さんはマロールの楽釣リモコンを愛艇に搭載。ポイントに到着したら前進のシフトがオンになる間隔を設定して、ほぼ自動操船で釣りを楽しむ

傷ついていない小型はリリース。この日は、シルバーとグローのジグを、油性ペンで黄色に塗ったものへの反応がよかった

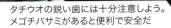

タチウオの活性が高まってきたのか、フォール中に先イトが切られてしまった……。ヒットルアーをロストしたのは痛い

アタリが減ったのでそろそろ納竿、というときに良型がヒット。フッキングの状態をしっかりと確認してから抜き上げた

シーズンは110センチ、16キロ級のブリも上がっている。

やはりブリ級のヒキは半端ではなく、瀬を越えて水深100メートル以上のところまでフネが流された。魚がフネの下に入って船底でラインが切れるのを防ぐため、操船でサポートする僕も慎重になる。20分くらいのファイトでやっと魚が見えてきた。上がったのは、85センチ級の見事なブリだった。

潮が緩む時間帯にタチウオねらい

「もう青ものはええわ」と、くたくたの窪田さん。時間もよさそうなので、タチウオのポイントへ移動する。

走ること数分で淡路島の洲本沖ポイントに到着。友ヶ島水道周辺のタチウオポイントは、大阪湾側の小島沖、加太の地ノ島沖、淡路島の由良沖、そして今回の洲本沖と、どれもフネで10～20分くらいの範囲内にある。

刺身、塩焼き、天ぷら、炊き込みご飯など、考えるだけで夕飯が楽しみになる。釣って楽しいタチウオは、味も抜群！

ポイントには、遊漁船やプレジャーボートは数えるほどしかいなかったが、前日爆釣した遊漁船〈上丸〉さんが近くにいるので、ポイント選定は間違いないはずだ。

だが、転流の14時半をすぎてもフネはまったく流れない。南からの満ち潮と北風がぶつかって、フネが動いていないのだ。フネが動かないと、速い潮が嫌いなタチウオも釣れない。1ノットくらいで、潮と一緒にフネも流れるのが理想的なのだが。

ロッドはソルティガ BJ 66XH、リールはリョウガ BJ C2020PE-H。ラインはPE1・2号に、フロロカーボンリーダー30ポンド。さらに、タチウオの鋭い歯によるラインブレークを防止するため、先イトとしてフロロカーボン60ポンドを60センチ結ぶ。

ジグは、最近よく釣れる

ことがわかったスロー系のスローナックル160グラム。フロントにアシスト2個、リアにバーブレスのトレブルを付ける。カラーに迷うが、タチウオはパープルやオレンジ、ゴールド系によく反応する。シルバーのジグしかなければ、黄色の油性ペンで塗るとゴールドに変身する。

　ポイントの水深は80メートルで、底から10メートルくらいをワンピッチのファースト&ストップ、ロングジャークなど織り交ぜて探る。その日の当たりパターンを見つけるためだ。タチウオは、アクションやジグカラーや種類など、釣れるパターンの変化が本当に早い。

　まったく当たらないのでジグを速巻きで回収していると、底から50メートルくらいでガツンときた。……タチウオ釣りとはこういうものである。ファーストヒットは指3本くらいの小型だった。

　窪田さんは最近はやりのアンチョビミサイル(ジャッカル)を電動リールタックルでシャクっている。普段はイワシエサのテンヤ釣りもよくやるらしい。エサ釣りは大型が釣れる確率が高い。

　15時ごろ、やっと風より潮が勝るようになり、1ノット前後でフネが流れ始めた。いよいよ爆釣タイムか。しかし、エサ釣りの遊漁船もポツポツという感じだ。いつもなら、そこかしこで夕日に銀色の魚体がキラキラと輝いているのだが。

　そうこうしていると、僕のジグがフォール中に切られた。フォールで切られるくらいなので、活性が上がってきた証拠！　がぜん張り切って、速くシャクったり、ロングフォールを入れたりと、アクションに変化を加えるが、タチウオからの反応は薄い。

　窪田さんがロングジグのマサムネ(スミス)に交換すると、ねらいの指6本ドラゴンサイズ……の半分くらいだが、タチウオを釣り上げた。小型のタチウオは、タチウオのベイトフィッシュにもなるため、状況によってはロングジグにも食ってくる。尾ビレがないタチウオが多いのは、そのためである。

　その直後、僕にいいアタリがあって、タチウオ特有のグーングーンというイカのようなヒキ。これは口にヒットしている証拠。スレだと重いだけで面白くない。やっと指4本のサイズが上がってきた。僕は指が太いので、普通の人なら5本くらいか？

　その後、数尾追釣したがあとが続かない。いつもなら夕方の入れ食いタイムに突入するのだが、ほとんどアタリがなくなったので、16時にストップフィッシングとした。

ドラゴン、とまではいかないが、なかなかの良型。僕は指が太いので、普通の人なら指5本サイズだろうか

帰港中、イケスに生かしておいた魚の血抜きを行う。せっかくの海の恵みは、おいしくいただきたい

窪田さんと2人では食べきれないと思い、元気だったメジロはリリースした。ブリに育ったらまた会おう！

今回のミッション達成率

50%

今回は、青ものへの浮気時間が長かったので、タチウオは貧果に終わってしまった。終日タチウオで通していたら、ドラゴンサイズもゲットできたかも。今回は達成率50パーセントでした。

ターゲットは魚だけじゃない
日本の伝統釣法“エギング”

MISSION 5

重量感がたまらない!
コウイカ&カミナリイカ

エギングも立派なルアーフィッシングだ。ゲーム性が豊かで、食べてもウマいイカ類。これをねらわない手はないだろう。特に、ここで紹介するコウイカの仲間は、比較的浅い水深に生息しているため釣りやすいといえる。

5

和歌山県・御坊《ごぼう》

エギシャクリで乗せるコウイカ&カミナリイカ

◉ボート倶楽部　2008年4月号掲載

今回のボート

〈OCEAN KID'S〉（ヤマハUF-26CC）は、4ストローク225馬力船外機を搭載した、アメリカンテイストのセンターコンソール艇。機動力抜群のボートだ

今回のメンバー

当日のメンバーは、チャーターボート〈OCEAN KID'S〉の吉川雅樹キャプテンを中心に、左が常連の中家崇年さん、右が僕。真冬の中紀に挑む！

コウイカ&カミナリイカもエギの好ターゲット

前回は和歌山県・御坊の日ノ御埼沖でカンパチ、ブリをねらったが、時化で沖の本命ポイントへ行けず、青ものは撃沈した。それで今回はリベンジということで同ポイントを選んだが、取材日が2月の初旬にあたり、前回のように天気が悪そうなので、エギを使ったコウイカ、モンゴウイカ釣りも視野に入れた。

なぜコウイカ釣りかというと、コウイカのポイントが日ノ御埼の南側沿岸なので、北西の風を遮ってくれるから。弱い冬型の気圧配置であれば、まったく波がなく釣りが可能なのだ。しかし、風が南西寄りの場合は正面から風を受けるので、出航できなくなる。

関西エリアでいうモンゴウイカは、正式にはカミナリイカのこと。日ノ御埼周辺で釣れるのは最大で2キロクラスだが、最大で5キロにもなる大型のイカだ。どちらかといえば暖かい海に多い。

ヤマハUF-26CCはスパンカーだけでは風に立たず、常に推力と舵のアシストが必要という。そのため、張ったままでも走行しやすいようにスパンカーの高さを80センチほど詰めてある

ここ御坊の海も黒潮が近いので、2月でも水温が18度と海の中は亜熱帯みたいだ。若いころ、この海でサーフィンをしていて、水中に潜ってみるとサンゴだらけで、チョウチョウウオやクマノミまでいたのには驚かされた。

モンゴウイカは砂泥や砂利の底質を好む。エサはシロギスやメゴチから、カニなどの甲殻類まで食べる。

コウイカも多い。こちらはモンゴウイカよりも小型で、やや冷水でも生息する。とくにシャコエサのテンヤを使う、東京湾のコウイカ釣りは有名だ。

どちらもアオリイカよりは淡白な味だが、身が厚くて柔らかいので、天ぷらは最高だ。

ほかに、アオリイカやケンサキイカも釣れるが、コウイカやモンゴウイカなどのコウイカ類とは棲むポイントが違う。今回はねらわなかったが、アオリイカは、日ノ御埼の磯近くや魚礁などをねらうと、2キロオーバーが期待できる。浅場のキャスティングや中オモリ、ドウヅキ仕掛けでほぼ年中ねらえる。

〈オーシャンキッズ〉には、船外機のマウントの高さを調整するモーターブラケットを装備。最大に上げてさらに少しチルトを起こしてやると、水中に入るロワーユニットの面積が減ってスパンカーが利きやすくなる

締め切りギリギリの取材朝イチは港内のタチウオ

取材日は2月6日。実は、前週は大荒れで取材が流れていた。この日がダメなら、

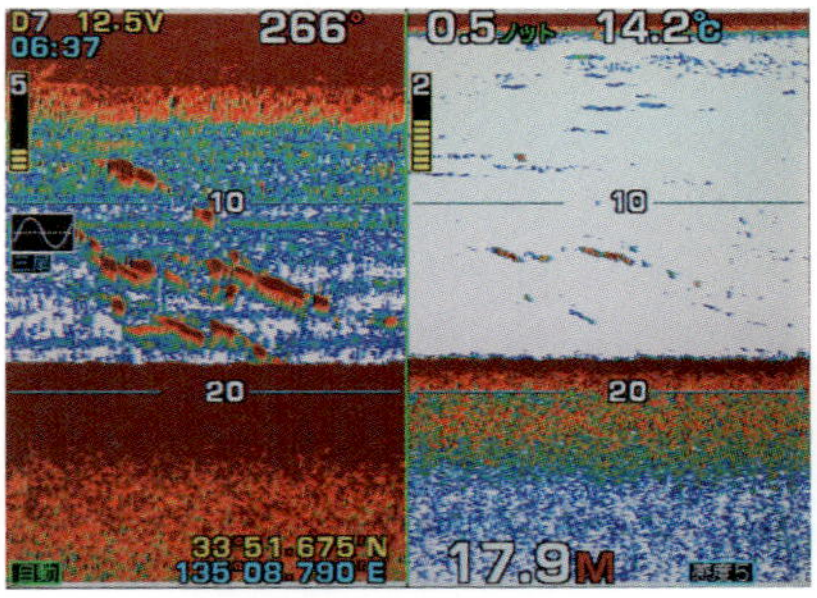

このような反応が出ると必ずタチウオがヒットしてきた。活性が上がるとなぜか反応が強まり、赤く映るという

（上）水深が浅いと、このサイズでもよく引くので楽しめる。青もの用のシングルフック１本でもなんとか掛かってくれた
（右）当日のポイントは御坊エリアに詳しい吉川雅樹キャプテンにお任せして、楽チンな大名釣りを楽しませてもらうことに

常連の中家さんも、朝イチはタチウオを連発。これはスレ掛かりだが、やはりタチウオにはトレブルフックが付いているほうが有利だ

この週末からは横浜の国際フィッシングショーに行かねばならないので、もうあとがない。担当のイトー記者は、かなりビビっていた。

朝、大阪府・泉南の自宅から約1時間クルマを走らせ、和歌山県・御坊の塩屋漁港へ。港では、同船する中家崇年さんが待っていた。

今回のキャプテンは、御坊在住の吉川雅樹さん。昨年まではマイボートでジギングからマグロのキャスティング、エギングなどを楽しんでいたが、釣り好きが高じて、〈オーシャンキッズ〉という遊漁船を始めてしまった。

マイボートオーナーの取材がメインの当連載だが、こういうオーナーも面白いのではないだろうか。吉川さ

当日の使用タックル

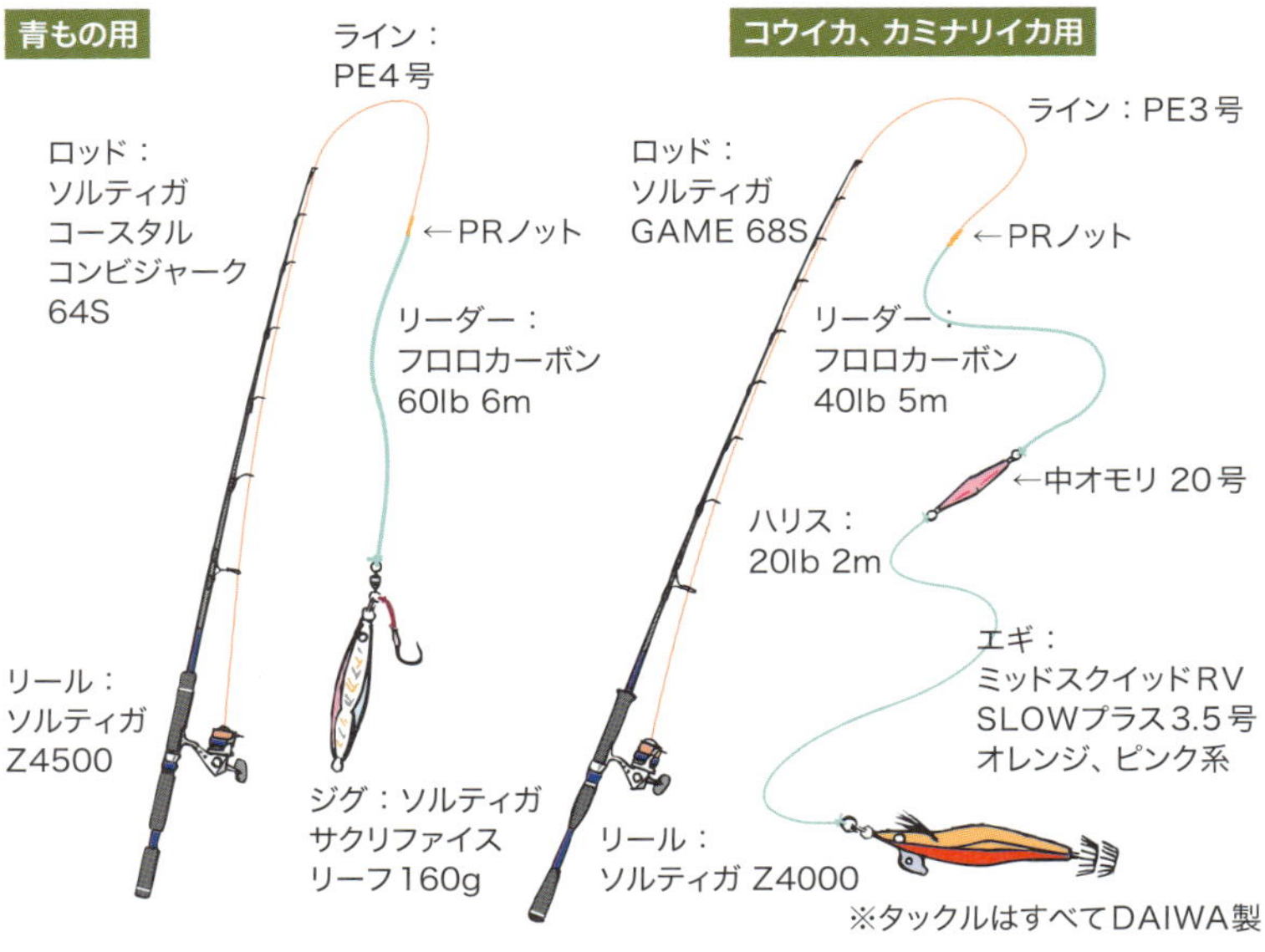

※タックルはすべてDAIWA製

当日使用したエギは、DAIWA・ミッドスクイッドRV SLOWプラス 3.5号。コウイカにはセオリー通りオレンジ系、そしてピンク系も好調だった

30秒に1回程度、エギに乗ったコウイカをカンナに掛けてやるつもりで鋭くシャクリを入れる。乗っていなくてもこれがアピールになり、イカの興味を引く

マイボートアングラーだった吉川さんは、アングラーが釣りやすいようにきめ細かくイト立てしてくれるので、釣りに集中できる

青ものが渋いので、満場一致でコウイカねらいにチェンジ。イカ墨スパゲティーを想像しながら、嬉々としてエギを結ぶ僕

んのフネはセンターコンソール艇のヤマハUF-26CC。ヤマハの4ストローク225馬力船外機の1基掛けだ。

朝6時半、まだ薄暗い中、準備を済ませて出航する。前回タチウオがよく釣れたポイントから出航するので、少しタチウオをねらってみる。漁船がゆっくりと曳き釣りでタチウオをねらっている。魚探はタチウオやベイトの反応で真っ赤だが、最近はあまり釣れないらしい。

専門のタックルを持ってこなかったので、ロッドは青もの用のソルティガ コースタルGAME68Sを使用する。ジグはサクリファイス リーフの160グラムで、アシストフック1本の完全な青もの仕様だ。

水深が17メートルと浅いので横にキャストして広く探るものの、最近釣れてないと聞いていたので、あまりやる気が出ない。タチウオは気難しく、条件が合わないとまったくといっていいほど釣れないのだ。

しかし、数投目でガツンと当たったが乗らない。アタリがあるということは、この日はタチウオの機嫌がいいのだ。青もの用のフックシステムなので、当たるが乗らない、を繰り返していたが、やっと1尾フッキングした。

水深が浅いので、ドラゴン級かと思うほど引く。しかし、上がってくるのは指4本サイズ。フォールで食うことが多いので、小さいアタリでも合わせるとフッキング率が上がった。

青ものジギングとは異なる癒し系の釣りに僕も満足。ちなみに、墨は白い腹側から吐くので、エギを外す際は腹を海面に向け、背中側から首根っこをつかむと被害が少ない

良型のモンゴウイカも多いので、ネットがあると安心。海面で墨を吐かせようと思ったが、当日はなぜか船内でしか吐かなかった

ドテラ流しでは、船長も釣りができる。最初はライトジギング用のソフトなサオでシャクっていた中川さんだが、エギの動きが小さいのか、ジギング用に替えてから調子を上げた

中家さんとコウイカのダブルヒット。広範囲に散らばるイカとはいえ、地形的に集まる場所もあるようで、連続で乗ってくることが多かった

エギシャクリ釣法のアプローチ

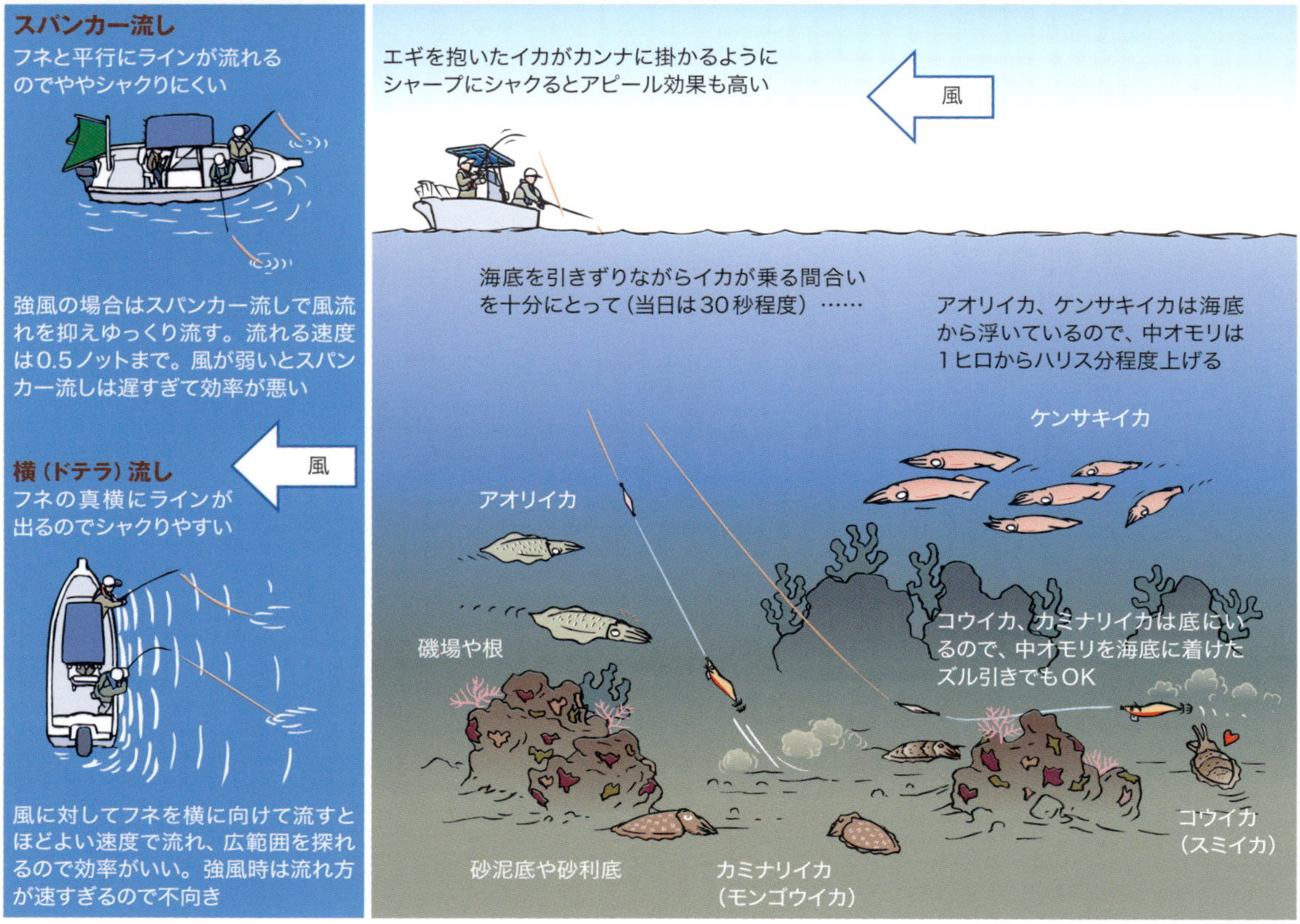
スパンカー流し
フネと平行にラインが流れるのでややシャクりにくい
強風の場合はスパンカー流しで風流れを抑えゆっくり流す。流れる速度は0.5ノットまで。風が弱いとスパンカー流しは遅すぎて効率が悪い
風
横（ドテラ）流し
フネの真横にラインが出るのでシャクりやすい
風に対してフネを横に向けて流すとほどよい速度で流れ、広範囲を探れるので効率がいい。強風時は流れ方が速すぎるので不向き
エギを抱いたイカがカンナに掛かるようにシャープにシャクるとアピール効果も高い
風
海底を引きずりながらイカが乗る間合いを十分にとって（当日は30秒程度）……
アオリイカ、ケンサキイカは海底から浮いているので、中オモリは1ヒロからハリス分程度上げる
ケンサキイカ
アオリイカ
磯場や根
コウイカ、カミナリイカは底にいるので、中オモリを海底に着けたズル引きでもOK
コウイカ
（スミイカ）
砂泥底や砂利底
カミナリイカ
（モンゴウイカ）

エギに乗ってくるケンサキイカは良型が多い。これはレギュラーサイズだが、アカイカと呼ばれるサイズになると、アオリイカをはるかにしのぐ市場価格が付く

あの"ズシッ"という幸せの重さを期待して、ひとシャクリごとに期待がこもる。難しい釣りではないからビギナーも十分楽しめるし、ベテランもきっと熱くなるはずだ

リベンジなるか!? カンパチにトライ

空が白んできて、そろそろ沖のジギングポイントへ行かねば。食い盛るタチウオを諦めて、沖のカンパチポイントへ移動。海はベタ凪なので、沖の好ポイントにも行ける。

最初は水深70メートル付近の魚礁から始める。潮は1ノットくらいの上り潮で、水温も17・8度とよい条件だ。アジらしい反応も強烈に出ている。朝イチはカンパチの活性が特に高いので、ゆっくり目のワンピッチで、いつくるか、いつくるかとシャクり続けた。

期待に反し、魚からの応答はまったくない。船長はGPSや魚探を駆使して流すポジションを変えてくれるが、ヒットはなかった。

早々にポイントを移動。今度は水深100メートル

の沈船だ。最近は時化続きで長い間たたいてないポイントだけに、期待十分。160グラム、グローカラーのセミロングジグを落とす。魚探も真っ赤で、底から40メートル付近まで立ち上がっている。

　ドキドキしながらシャクるが、やはりヒットはなかった。それではと、底から10メートルはジャカジャカ巻き、そこで大きなロングジャークを3回入れ、それから急にスローなワンピッチで誘ってみる。コンビネーションジャークだ。これで食いの悪いとき、幾多の魚を釣り上げてきた。しかし、ジグの周りに魚の気配は感じられなかった。ヒットには至らなくても、魚がジグにまとわりついたりすると、気配を感じるのだが。

　吉川さんはGPSに入っているポイントを次から次に回ってくれるが、結局、昼ごろまでヒットはなかった。イトー記者は取材がボツになりそうなので、ますます顔色が悪くなってきた。

　船長の「コウイカ釣りに行きます?」の声に一同うなずいた。なにがなんでもコウイカを釣らねば。

小型のコウイカでも、墨の威力は絶大。ときにフロアで回転しながら四方に墨をまき散らすから手に負えない

中家さんはキャスティングでもコウイカをキャッチ。やられた！ と思ったら、海水でひと安心

コウイカ類の墨は乾くと特に落ちなくなる。すばやく海水で流し、こすり落とそう。コウイカ釣りにブラシは必需品

絶体絶命のピンチ！背水の陣でコウイカねらい

　約30分走り、煙樹《えんじゅ》ヶ《が》浜《はま》の沖へ移動。水深25メートル前後で、底はフラットな砂地。風が強かったので、船長がスパンカーでフネを立てて流してくれた。

　タックルは、先ほどタチウオに使ったロッドのGAME68Sに、ジギング用スピニングリールのソルティガZ4000、ラインはPE3号。ジグを付けていた40ポンドリーダーの先に20号の中オモリを介し、さらに20ポンドのハリス2メートルを結ぶ。エギはミッドスクイッド3・5号オレンジカラー。

　コウイカは、アオリイカのようにあまり浮いていないので、底層を中心に探る。アオリイカの場合は、中オモリが底に着いてから1メートル以上巻き上げるが、コウイカは中オモリも底を這わせるのがコツ。

　中オモリが底に着いたら、大きくひとシャクリを入れる。そしてそのまま30秒は置く。コウイカはフォールで乗るよりも、底でじっとしているエギを襲う感じだ。

　やっと中家さんにきたようだ。アオリイカならグーングーンと引くが、ただ重いだけという。手のひらサイズのコウイカが上がってきた。

　アオリイカはランディング前に墨を吐かせると安全だが、コウイカは上げてからが怖い。そーっとフロアに置いて、イカ締めピックで締めておくといい。

僕にもやっと乗り、手のひらサイズのコウイカが上がってきた。それからはポツポツと釣れ続き、たまに500グラム以上も混じったが、どうも本調子ではない。

仲よしの遊漁船、〈牛若丸〉の船長に聞くと、スパンカーでフネを立てずに、ドテラ流しがよいという。風で横に流すと、フネが適度に流れて広く探れるのがいいみたいだ。

スパンカーをたたんでドテラ流しにすると、それまでの渋さがうそのようにイカが乗りだした。ほとんどがコウイカだが、1パイだけケンサキイカが釣れた。冬のこの時季は少ないが、激ウマのイカなのでクーラーへ。

コウイカで取材成立！ 欲が出て モンゴウねらいへ

コウイカは10パイ以上釣れたが、なぜかモンゴウイカがこない。取材は成立したとはいうものの、もうワンパンチがほしい。そこで、船長が潮吹き岩の近くの浅場に、フネを大きく移動させた。

水深はおよそ20メートルで、底は砂利のようだ。

底を取って、しばらくエギを放置プレー。そして次のシャクリで、ズーンという今までにない重みが伝わる。興奮して、「これはモンゴウやー！」と叫ぶ。

なんと、中家さんにもモンゴウイカが乗ったようだ。船長、イトー記者全員で大はしゃぎ。こういう釣りもなんとも楽しい。しかし、モンゴウイカが上がって船長がピックで締めるとき、それこそ噴水のように、大量の墨を吐き出した。僕はすんでのところで難を逃れたが、船長は雨具や顔にもイカ墨が……。

その後は、デッキをブラシでごしごしと洗う。1パイ

コウイカとカミナリイカはよく似ているが、背中の模様が異なる。唇のような目のような模様があるのがカミナリイカ（左）で、波打った横じまのような複雑な模様がコウイカ（右）。カミナリイカのほうが大型になる

吉川キャプテンがピンクのエギで良型のコウイカをキャッチ。衝撃を与えずソフトに扱うことが、墨攻撃を避けるための最大のコツ

青ものはもちろん、コウイカ釣りも得意とする吉川キャプテン。ホームグラウンドにイカがいないなら、チャーターを利用するのも手だ

のモンゴウイカでフネの2メートル四方が真っ黒になる。コウイカ釣りにはブラシが必需品だ。

この浅場にモンゴウイカが寄っていたようで、船長も数ハイ追加して取材を終えた。

結局、3人で20パイのモンゴウイカ、コウイカ、ケンサキイカが釣れて、めでたく取材は成立。帰りの車内で、イトー記者はほっとした様子だった。

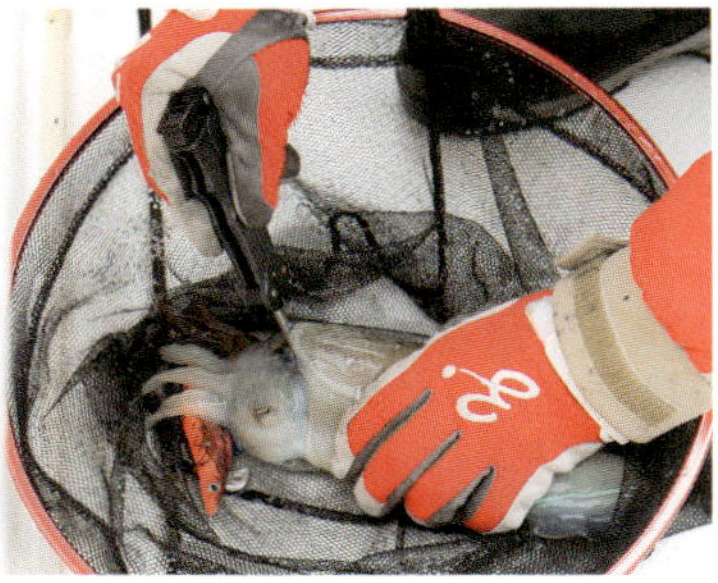

イカを刺激しない柔らかな素材のネット、イカ締め専用ピックなど、イカあしらいに慣れている吉川キャプテン。締める場合はゲソと胴体の接続部、目の中央少し上を刺す

イカ類は冷凍してもあまり味が変わらずおいしくいただける。特に身が厚いカミナリイカを刺身で食べるなら、一度冷凍したほうが軟らかくなる

今回のミッション達成率

100%

極寒で釣りものの少ない中、限られた日程と天候でこの釣果は素晴らしい! さすがプロの船長。古谷家の冷凍庫も、久々にいっぱいに。今回のミッションは100%達成!!

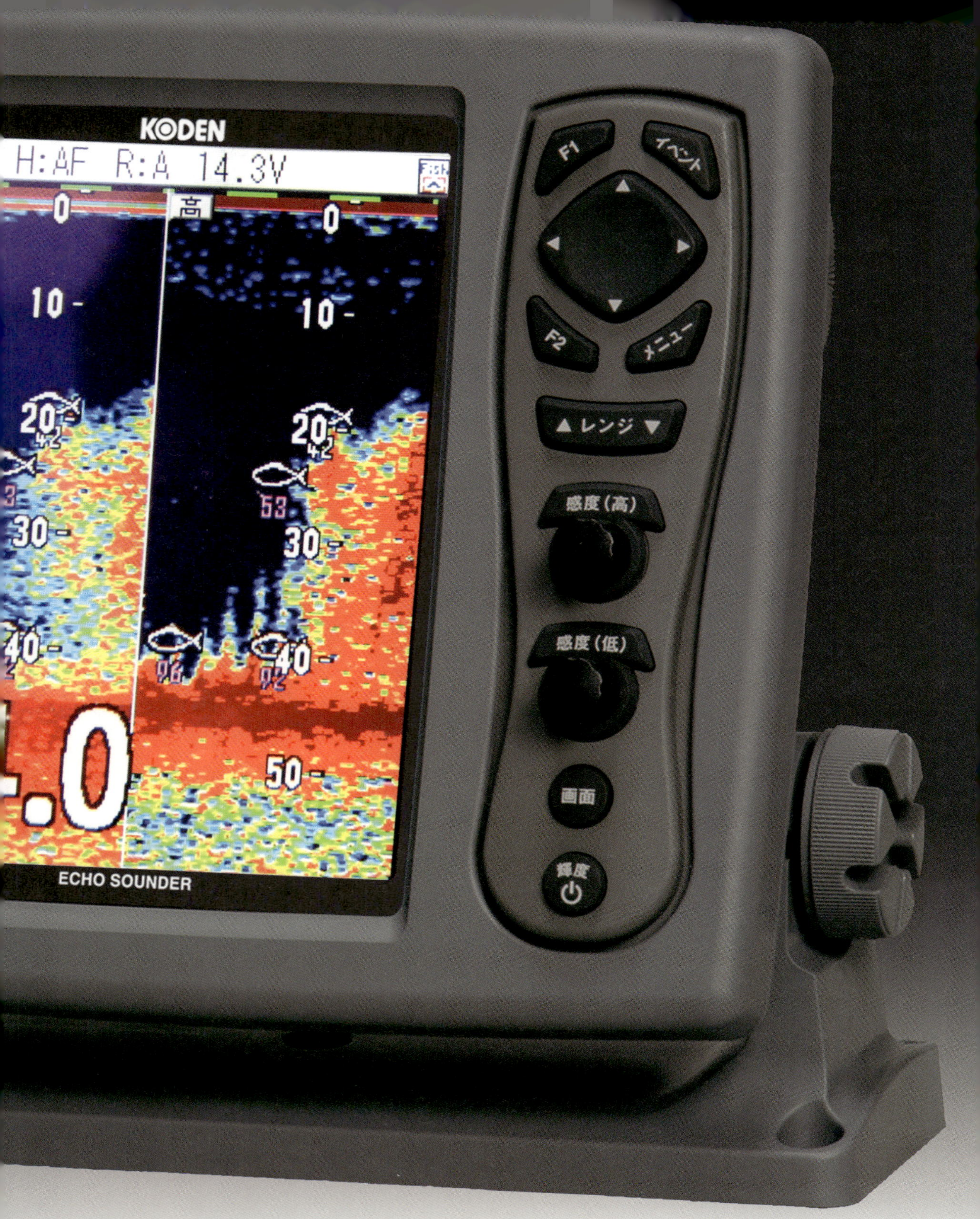
KODEN
H:AF R:A 14.3V
ECHO SOUNDER
F1
イベント
F2
メニュー
▲ レンジ ▼
感度(高)
感度(低)
画面
輝度

ベイトフィッシュの回遊によってはマダイもジギングのターゲットになる！

MISSION 6

イワシパターンを小型ジグで攻略

オフショアジギングにおいて、
メインのベイトフィッシュとなるイワシの動向は重要だ。
しかし、ただイワシがいればよい、というわけではない。
イワシの魚探反応にもよし悪しがあり、
ターゲットがイワシを捕食対象としている場合の攻め方も大切。

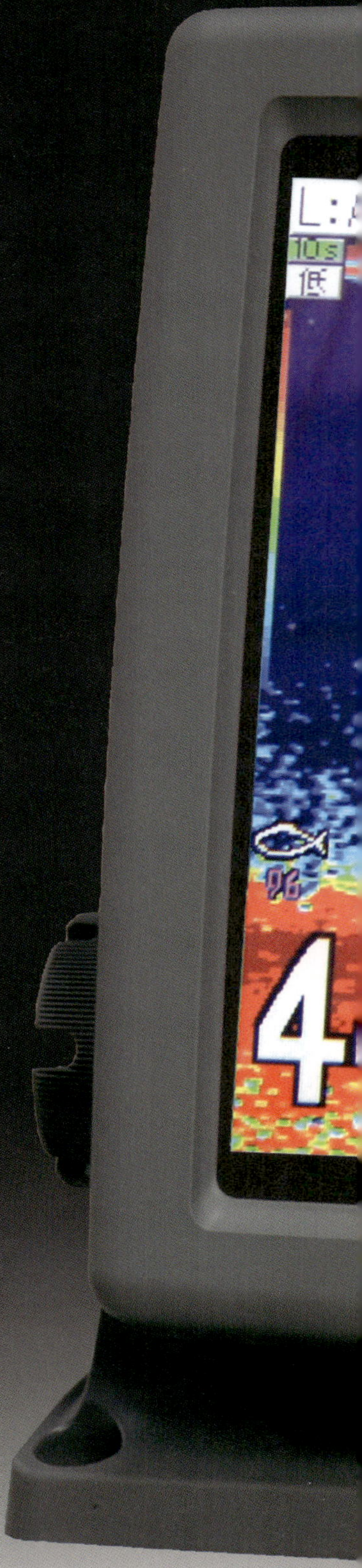

6 兵庫県・淡路島南部

タイラバとジグで、イワシパターンを攻略せよ!!

◉ボート倶楽部　2013年10月号掲載

今回のボート

窪田オーナーの愛艇、〈グレース〉(ヤマハYF-27)。アフトステーションとスパンカーを搭載。ロッドホルダーもズラリと並び、快適な釣りが楽しめる。ホームポートは和歌山マリーナ

今回のメンバー

真ん中がボートオーナーの窪田郁久さん。左はゲストの大江高夫さん。大江さんは、同マリーナにヤマハSC-30を保管しており、出航前に、ボートを案内してもらった。頼もしいメンバーだ

南淡路で楽しむジギング

今回のミッションは、マダイ80センチオーバー、サワラメーターオーバー、ブリ10キロ! かなりハードルが高いというか、普通では到底無理!! しかし、7月から好調が続いている兵庫県の淡路島~沼島では、なんとかなる気がした。

例年、7月初旬ごろからカタクチイワシが大量に接岸し、7月下旬から盆くらいまで、イワシの群れにマダイ、サワラ、ブリ、マグロが着いて、年間で一番ジギングが楽しい時季となる。7月中旬に釣行したときも、僕にサワラの110センチ級がヒットしたが、マグロ用ネットでもランディングに失敗。その後ヒットした98センチはキャッチできた。同船者もサワラのメーターオーバー2尾、大型のマダイやメジロなど、クーラーに入りきらない釣果だった。

ポイントに向かう途中、釣りの話に花が咲く。窪田さんと大江さんは初対面だったが、お互いボートオーナーであり、釣り人同士。すぐに打ち解けていた

淡路島南端の由良瀬戸は、島の四国側にある鳴門海峡と並んで瀬戸内海の出入口にあたり、激流で有名である。鳴門海峡や明石海峡は、潮が速いときには10ノットに達することもあるが、今回のポイントである由良瀬戸は、幅約4キロと広い海峡で、潮流は速くても5ノット程度である。水深は最深で160メートル以上と、かなり切り立った地形となっている。

ターゲットは秋~冬はブリ、タチウオ、マダイ、サワラ、春はハマチ、マダイ、サワラ、夏はメジロ、マダイ、サワラ。

特にサワラ、タチウオが有名で、曳き釣りの漁師が多数、操業している。ベイトは、春は小イカやイカナゴ、夏はイワシ、秋はアジやタチウオの稚魚、冬は50センチくらいのタチウオである。

二枚潮に苦戦

今回は和歌山マリーナから、何度か当連載でお世話になっている窪田郁久オーナーの〈グレース〉で出航。ゲストとして、同マリーナにヤマハSC-30を保管する大江高夫さんが同船した。大江さんは、泳がせ釣りでの大物や、南紀のキハダをねらう大物釣り師である。

朝の9時半が潮変わりなので、8時に出航。ベタ凪の海を30分ほど走り、由良瀬戸に到着した。

潮がこのエリアでいう上り潮(満ち潮のことで、太平

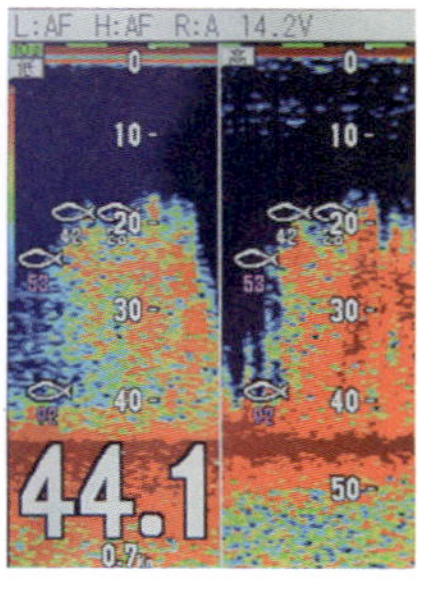

朝一番、由良瀬戸の魚礁に着くイワシの反応。フィッシュイーターの反応も確認できるが、二枚潮に悩まされた

大江さんがヒットさせたマダイは、窪田さんのネットに収まった。初対面の2人だが、もう言葉は必要ない。これ以上のコミュニケーションがあるだろうか

窪田さんにグッドサイズがヒット！が、惜しくもバラシ。由良瀬戸は食いが渋かった

洋から大阪湾に流れ込む）なので、沼島方面の中津川沖を目指す。上り潮のときはココがいいのだ。すでに漁船が集まっていて、近くを魚探で探ると真っ赤なイワシの反応があった。しかし、漁船の邪魔はできないので、離れたところでイワシを探す。

　このあたりは変化に乏しい砂底なので、数多くの魚礁が入れられている。やはり魚礁には、イワシの群れが着いていた。水深は50メートル。潮は上り潮で、このあたりでは沼島方面から由良瀬戸へと流れる。

　タックルは、ロッド・ソルティガBJ 66XHBに、リールはリョウガBJ C2020PE-H、ラインはソルティガ8ブレイド1・5号に、ソルティガリーダーF40ポンドを3メートル。ジグはTGベイトの80グラムをセットした。潮は1・5ノットくらいでほどよいのだが、ラインが後ろに流れ、シャクると前のほうにジグが浮いてくる典型的な二枚潮。ジギングでは最も悪い潮だ。

　上の潮は速いのだが、底

当日の使用タックル

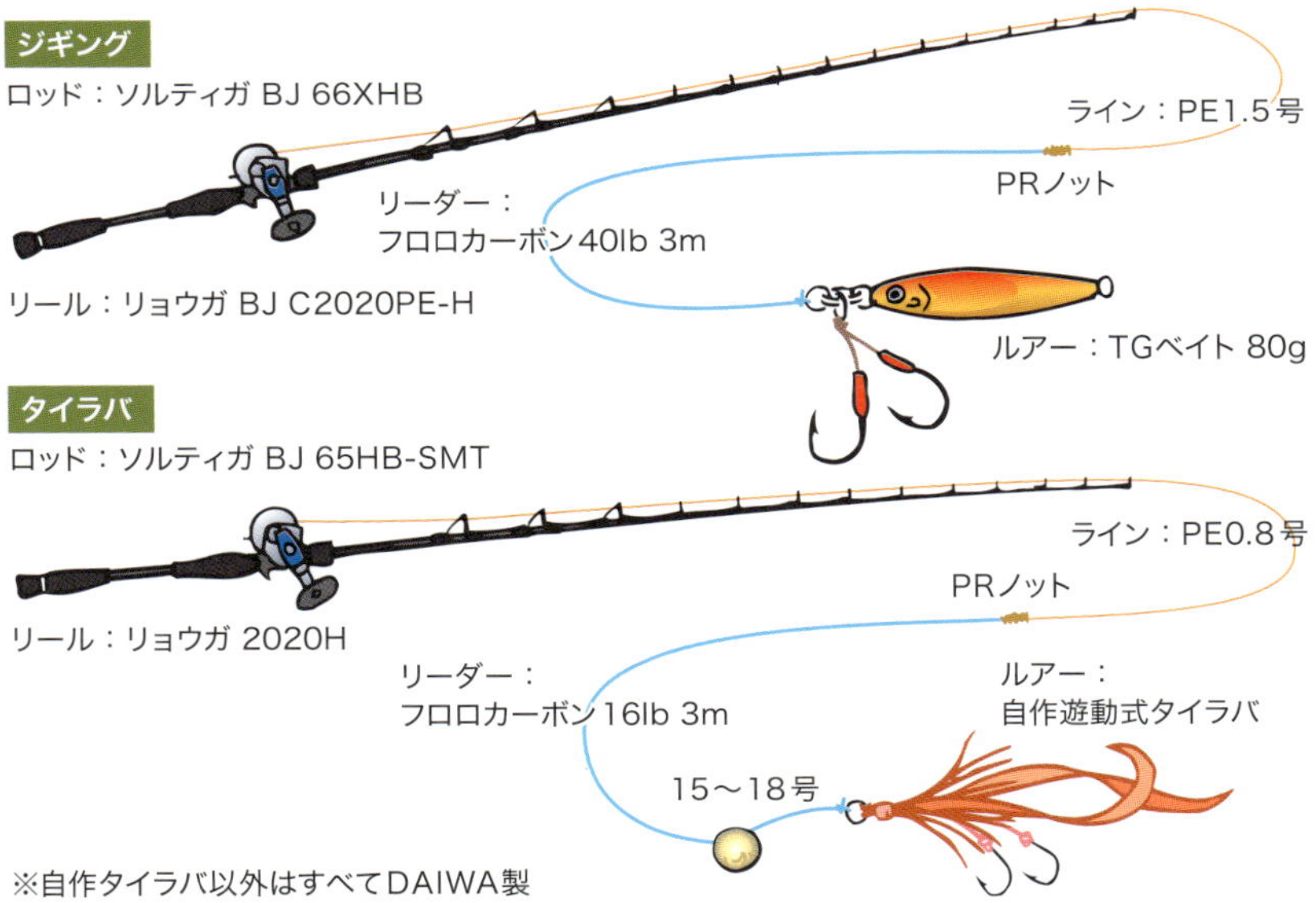

※自作タイラバ以外はすべてDAIWA製

今回は、ジギングやタイラバ釣法に対応できるよう、数種類のタックルを持参した。タックルごとにルアーをセットしておけば、時間短縮になり、釣りのテンポもよくなってくる

上は定番のTGベイト。下は僕が自作した遊動式タイラバ。今回は遊動式タイラバが、その威力を存分に発揮してくれた

由良沖では、常に2ノット前後の潮流だった。自船の動きはもちろん、周囲のフネとの距離や、その動きにも十分注意しよう

ボートを安定させるために、釣りの最中も操船は必須。ていねいなボートコントロールが好釣果をもたらすのだ

潮があまり動いてないのか、シャクるとジグの手ごたえが軽い。このような場合は、シャクっているつもりでもラインスラッグを取っているだけで、ジグは動いていない場合が多い。

食いそうな反応もあるが、口を使わない。そんな中、窪田さんのタイラバにヒット。かなりいいサイズのようで、マダイ特有のヒキを楽しんでると、「あっ、バレた」と、タイラバ釣法でよく聞くセリフ。それからはさっぱりで、漁師はサビキノマセ(落とし込み)でマダイや青ものをねらっているが、釣れている様子はない。

南淡路の海を堪能

ポイント移動を考えていると、マイボートオーナーの

大江さんのTGベイトにマダイがヒット！ イワシを追うマダイは、ジグにもどう猛にアタックしてくる。釣り味もさることながら、食味も抜群だ

1尾目のサワラは大江さんが釣り上げた。サワラもイワシの群れに着いているようで、この日はルアーのロストが多かった

サワラによって傷つけられたリーダー。アタリを感じなくとも、サワラがいる可能性のあるエリアでは、常にリーダーのチェックを心がけたい

友人から、由良沖でサワラやマダイが食っているとの情報をもらった。由良沖は、浅いところでは水深15メートルくらいで、大阪湾、太平洋のどちら側も深くなっているので、満ち潮、引き潮のどちらでもイケるポイント。だが、潮が速い海域なので、特に大潮だと潮止まり前後しか釣りができない。

ポイントに到着後、魚探でイワシの反応を探すとすぐに見つかった。それも水深50メートルくらいで底付近に丸く固まっていて、これはいい反応だ。あまりに大きなイワシの反応は、フィッシュイーターも警戒するので、反応が途切れるところでないとヒットは少ない。

また、こぢんまりとした丸い反応には、周りにマダイや青ものが着いて、イワシをねらっていることが多い。水深は50〜60メートルと、少し深めが食いがいい。これは釣れそうだとTGベイトを落とし込み、速めのワンピッチジャークで底から20メートルくらいまでをシャクる。すると数回目でゴンッと、マダイ特有のかじるようなアタリ。ロッドをたたくようなヒキはまさしくマダイで、50センチ級が上がってきた。

窪田さん、大江さんも立て続けにマダイを仕留めるが、サワラが多いのか、フォール中にジグがなくなってしまう。なんと、僕はたった1日で高価なTGベイトを4個もなくしてしまった。1メートルくらいの大型サワラはそれほどジグを切らないが、60センチくらいのサゴシ(小型のサワラ)は数も多いので、リーダーをかまれ、ジグが頻繁に取られる。

釣り上げた直後に血抜きすると、切り口からはウマそうな脂が滴っていた。鋭い歯には十分注意しよう

2ノット以上だった潮の流れが、少しずつ緩んできた。こういう激流のポイントでは、転流の前後1時間が時合となる可能性が高い。10キロ級のブリが釣れているのは、こういう状況らしい。

ブリをねらってジャークの幅を大きくし、ジグを海中で横に跳ばす。これはサワラの多いときは非常に危険なジャークで、横に跳んだジグはフォールで横を向き、ヒラヒラと落ちる。サワラはその動きがたまらなく好きらしい。つまり、ジグが取られる可能性が高まるのだ。

底から数度目のシャクリ

海底付近の反応はやはりマダイだった。シーズンやパターンを読み切り、ポイント選択と釣り方が正しかったことを証明してくれた1尾。読みが当たると本当にうれしい。これも釣りの醍醐味だ

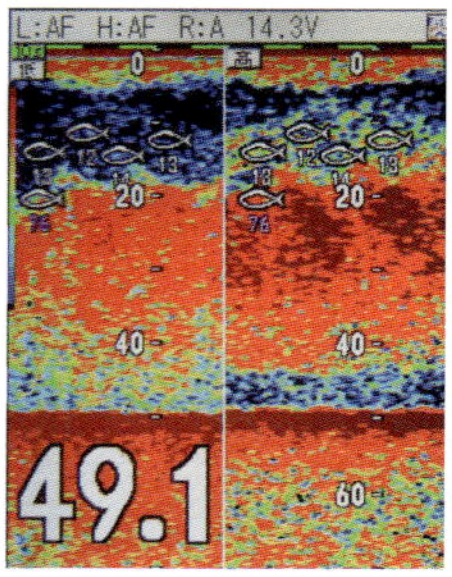

こちらはよくない反応。群れが大きすぎて、たとえフィッシュイーターがいようとも、警戒して口を使わないか、ベイトが多すぎるためにルアーのアピール度が低くなる

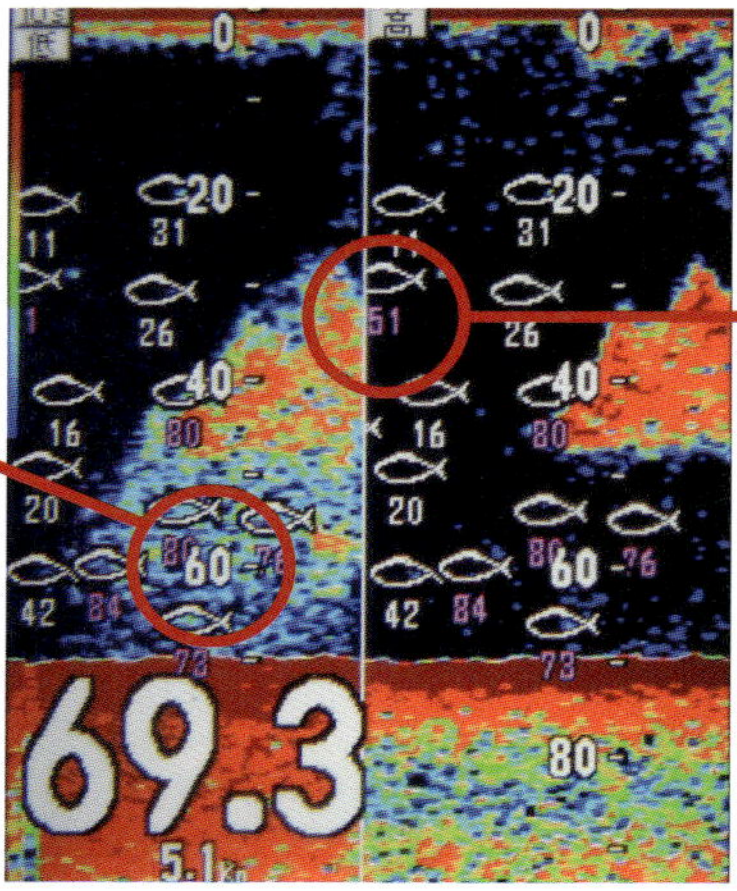

イワシが適度に固まっており、非常にいい反応。フィッシュイーターがイワシの周りに着いている様子がよくわかる。大きな群れであっても、群れの前後両端ではこのような反応となる場合が多い。いかにこの反応の上にボートを維持するかが好釣果のカギ。常に魚探を確認し、必要があれば、すぐにボートを流し直そう

イワシの群れの上部でヒットしたサワラ。ターゲットによって回遊する層が違うので、ルアーを引く層を変えれば、ターゲットを選んで釣ることができる

マダイに効くジグアクション&遊動式タイラバの有効性①

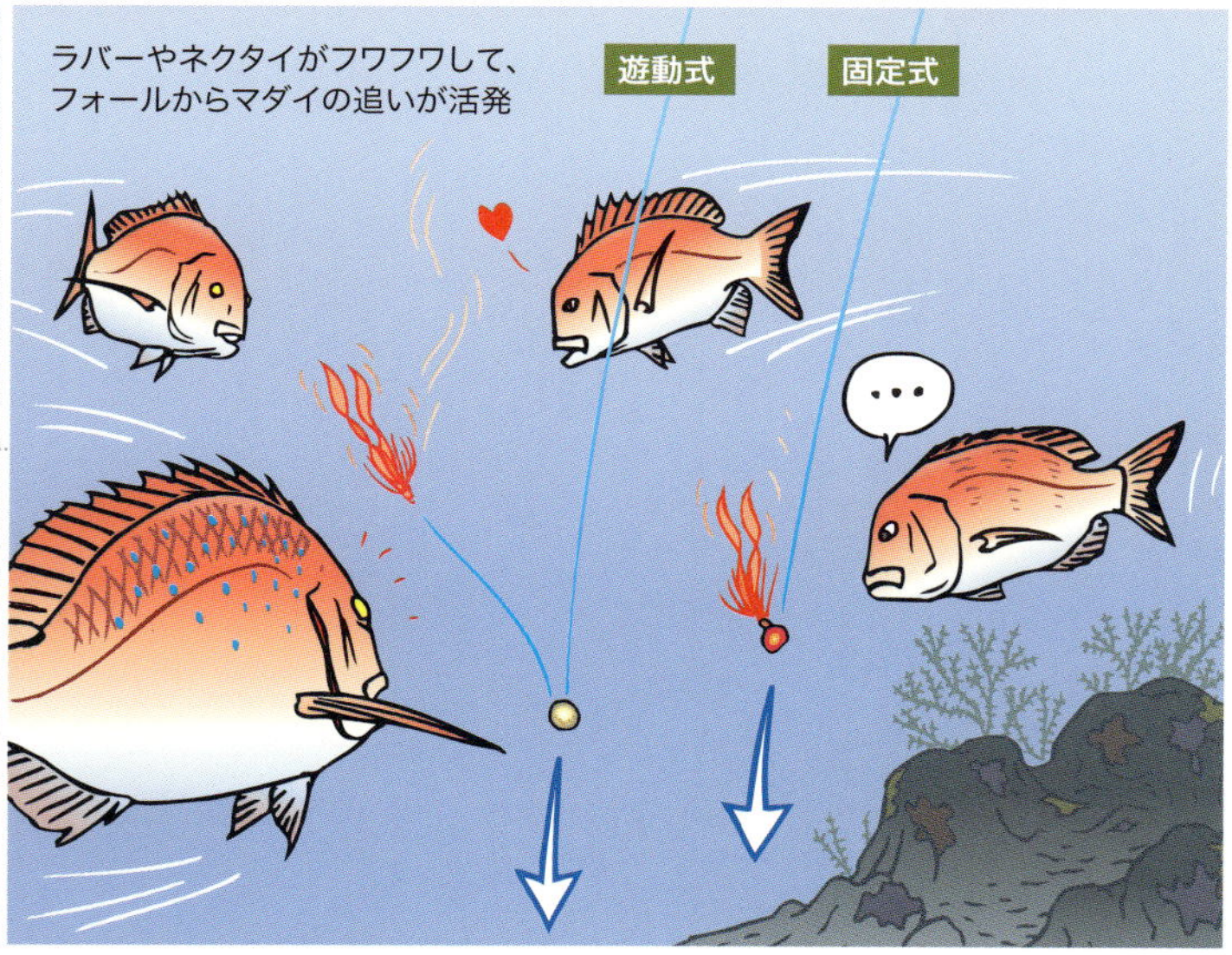

遊動式タイラバの有効性②&フックの重量によるフッキングの違い

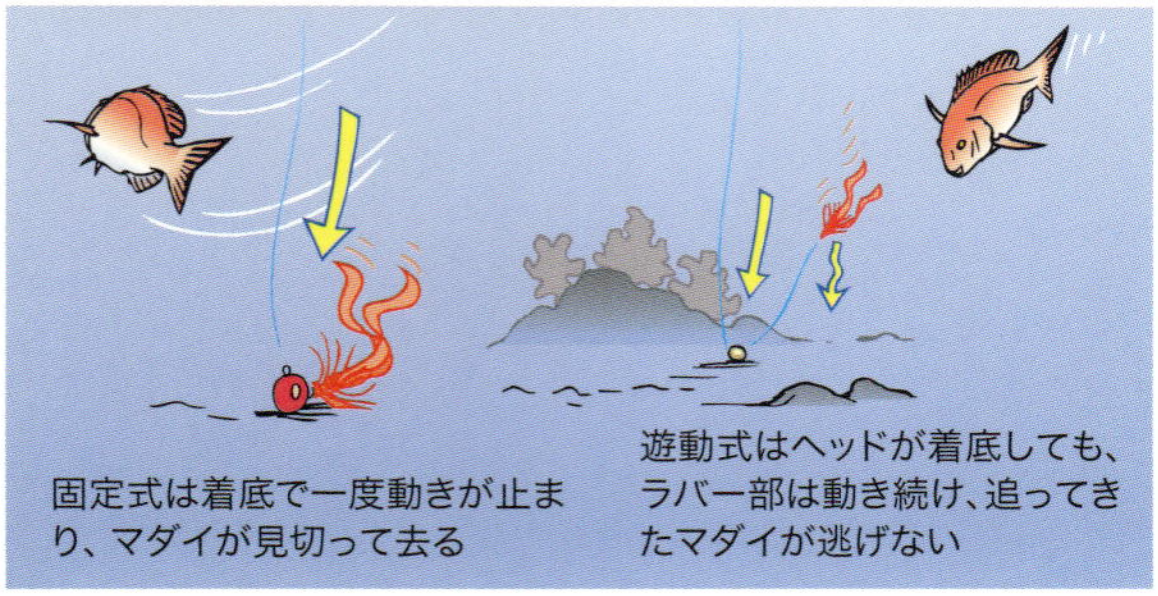

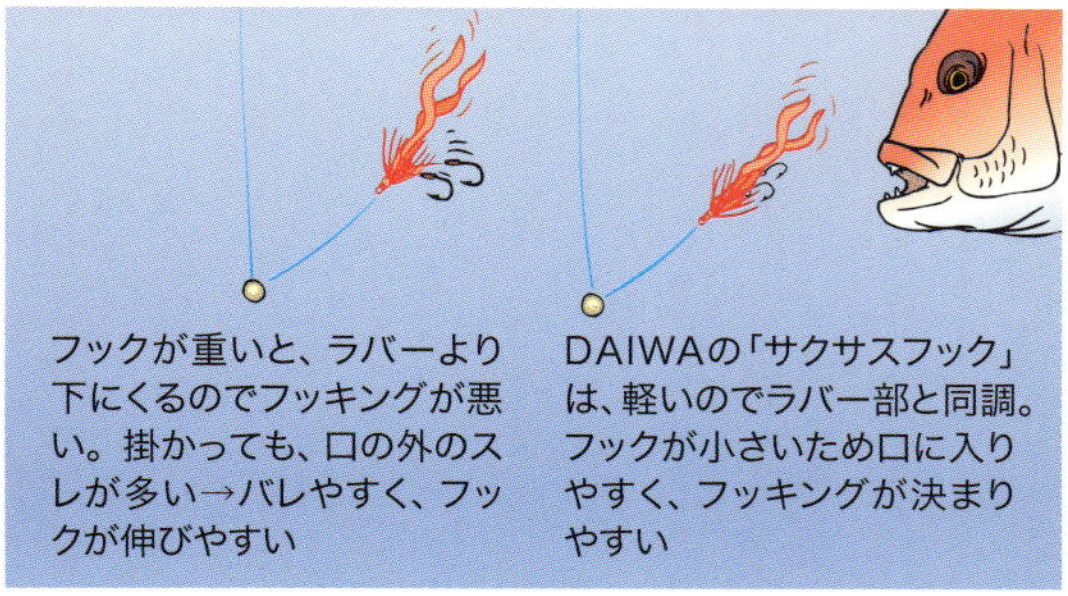

で、今までにない、ひったくるようなアタリが！　これは大ブリ！　と緊張する。しかし、イトは出るが、止まらないという状況にまでは至らない。ブリならば10メートル以上、リールからラインが引き出される。やはり上がってきたのは60センチ級のハマチだった。でも、この時季の青ものはイワシを食べまくっているから、身がプリプリだ。

マダイのサイズとフッキング位置を確認。慎重にファイトする

遊動式タイラバの威力

その後もマダイ、サワラなどが釣れ続いたが、さすがに潮が止まってくるとアタリ

入れ食いモードに突入していたため、僕はセルフランディング。ここまで入れればひと安心だ

50センチオーバーの良型マダイ。由良の激流に育まれた美しい魚体だ。唇の皮一枚のフッキングで、危うく身切れするところだった

大江さんにはクロダイがヒット。黄金に輝くマダイも美しいが、いぶし銀の魚体もまた格別だ

定番ゲストのサバ。この日釣れたサバも当然、イワシを食べているため、脂の乗りが最高だった

ゲストも多彩だ。岩礁帯ではカサゴやハタ類も果敢にアタックしてくる

が遠のいた。そこでタイラバ釣法に切り替えた。ジグでアタリがないときや、イワシが少ない時季は、これほどマダイが釣れる釣法はないだろう。最近、DAIWAから「紅牙MX」というタイラバ専用ロッドが発売されたが、今回は間に合わず、ソルティガのメタルトップのタイラバモデルを使用した。タイラバは自作の遊動式。やはり潮が悪くてもタイラバはアタリが多く、50センチ級を追加。十分に取材用の写真が撮れたので、シミズ記者にもロッドを貸すと、いいサイズを3尾も釣り上げた。よく釣れるときは時間がたつのが早く、あっという間に夕方に。ねらいの大物は釣れなかったが、全員安打で帰路に就いた。

今回の取材前、乗合船に乗り、同ポイントにて、友人と3人で、タイラバでマダイをねらった。僕たちはほとんどアタリがなく撃沈。しかし、潮下の釣り人が遊動式の自作タイラバを使用して6尾も釣り上げた。僕たちは固定式だった。タイラ

この日は、幾度となくマダイが宙を舞った

トリプルヒットも何度かあった。ピーク時は常に誰かのロッドが曲がっている状態となり、そのときはお互いのランディングをサポートし合った

他船の釣果にも注目。ルアーの大きさや、ヒット率の高いアクションがわかるかもしれない。ちなみにこの方は、見るたびにロッドを曲げていたツワモノ

好ポイントには必然的にフネが集まる。フネの大きさによって潮に流される速度が変わるので、常に周囲の状況を把握しよう。曳き波に気づいたときは、仲間へのひと声も忘れずに

バ釣法はジギングと比べると単調で、タックルやテクニックで釣果に差が出にくいと思っていたが、この日を境にタイラバ釣法にハマってしまった。

固定式では、着底した瞬間、直ちにリーリングを開始しても、ラインスラッグなどでラバー部が一瞬止まる。それを警戒したマダイは、フォール中に追ってきていても逃げてしまう場合がある。

遊動式は、ヘッド部が着底してもラバー部はまだ着底しておらず、リーリングを続けると止まることなくラバー部が動き続け、それにはたまらずマダイが食いつくのだろう。

確かに、遊動式では、着底を感じてすぐのリーリングでのアタリが多い。オモリが中通しのため、小さなアタリもダイレクトに伝わるし、ヘッド部の重さがないために食い込みもいい。ヒット後も、ヘッドの重さでバレることが少なくなるなど、遊動式はいいことずくめである。

ビッグワンこそ出なかったが、大満足の釣果。どの魚も脂がノリノリだった

今回のミッション達成率

30%

今回はマダイやサワラなどが多数釣れて、釣果としてはOKなのだが、ミッションが10キロ級のブリなど、とんでもないお題だったので達成度は0%！でも、取材は成功なので30%ということで。

キャスティングゲームで
青ものの代名詞に挑む！

MISSION 7

大興奮！ブリのトップゲーム

巨大な水しぶきが海面を切り裂くボイル。
ターゲットはデカい。ルアーは届いた。
あとは、ロッドアクションでルアーに命を与えるだけ……。
アングラーと魚の真剣勝負。体力と経験がモノを言う。
この興奮と感動は、何度味わっても慣れることはない。

Pull

和歌山県・中紀
モンスターブリをキャスティングで攻略せよ!!

◉ボート倶楽部 2011年10月号掲載

今回のボート

当連載の準レギュラー、石川さんの愛艇、〈伸栄丸〉(ヤマハFR-32)で出航。この日は途中で雨に降られたが、広々としたキャビンは快適そのもの

今回のメンバー

当日のメンバーは左から石川伸宣オーナー、みっちぃ、僕、草竹よっちゃん。釣況がよく、桟橋でタックルを準備する時間も、期待で胸が膨らんだ

目的地に着くまでは、快適なキャビンでみっちぃと盛り上がる。操船しなければならない石川さんは少しさみしそう?

ミラクルな今年の和歌山

6月、友人の遊漁船から、ものすごい釣果の連絡が入った。なんと、トップで10キロオーバーのブリが連発、ラインブレークやバラシは、わからないほどあったそうだ。すぐにその遊漁船に乗ると、10キロオーバーが船中6尾、7キロから9キロが6尾と、夢のような釣果だった。僕も9・5キロをトップで釣り上げた。

20年くらいこの地でソルトルアーフィッシングをしているが、今年の和歌山はすごい。5月には白浜付近の定置網に、カンパチ88キロを頭に、20キロオーバーが多数入った。

『ボート倶楽部』でもおなじみのアングラー、みっちぃが、いずみさの関空マリーナに来ていたので、冷やかしついでに遊びに行った。そこでブリの話をすると、活性の高い青もの以上にみっちぃの食いつきがよく、夢のコラボが実現した。

ところで、ブリの10キロオーバーというと、GT、イソマグロなら50キロ、カンパチなら30キロ、クロマグロなら40キロをルアーで釣り上げるのと同じぐらい難しい。僕は以前に『ボート倶楽部』の取材で釣り上げた11・5キロが、最初の10キロオーバー。キャスティングでの釣果だったが、オフショアの釣りを始めて15年くらいかかった。次の10キロは九州遠征時にジギングで釣った。これまたジギングで釣るまで17年。そして今回、3年ぶ

白崎沖に到着すると、こんな単発のボイルや、洗濯機のように大きな渦を巻き起こす数尾のボイルで活気づいていた

当日のヒットルアーは、上からドラドポッパー14F、H&Tオリジナルのトミポップ14、猛大舞丸16。ドラドポッパーは、カップの外周を削るチューンを施している

当日用意したタックル。ヒラマサのキャスティング用も向くが、女性にはキャストしやすいシイラ用をチョイス。ベイトタックルはジギング用だ

りに10キロオーバーを釣ることができた。

　僕の考えでは、この魚たちは四国の足摺岬《あしずりみさき》方面から来たのではないかと思われる。ちょうどブリが釣れだした6月に、黒潮が足摺岬をかすめ、室戸岬、潮岬にもぶつかっていた。

　室戸岬や潮岬でもブリは釣れるが、10キロオーバーは少ない。ところが、足摺では5月ごろの産卵期に行くと、普通に釣れる。しかしサメが多くて、大型ほど途中で頭だけになることが多い。今回、遊漁船で釣れた個体も、サメに襲われた古傷がある魚が何尾もいた。それと、すべての個体にブリ条虫という長〜い虫が何匹も入っていた。瀬戸内海などのブリには少ないが、外洋のブリにはたいてい入っているのだ。

キャスティングのブリ

　ブリやメジロは、ボイルがあれば、キャスティングのほうがジギングより釣りやすい。捕食のために水面に出てきているからだ。ジギングは底〜宙層にいる魚をねらうので、魚探に映っても、活性が高いのかどうかわからないこともある。

　特に、大きいイワシやトビウオ、サンマなどを食べているときは、トップで簡単に釣れる。一方、ベイトがシラスや小イカなどの場合は、食わせるのが難しくなる。

　ベイトがイワシの場合は、スーパーボイルになることも多く、移動も遅い。ボイルを直撃するときはファストリトリーブで、ボイルが終わったあとはスローで誘うと出ることが多い。トリが旋回しているところに投げてもよく出る。水深は100メートルでも浅くても、関係なくねらえる。

　ベイトがイワシの場合、ル

当日の使用タックル

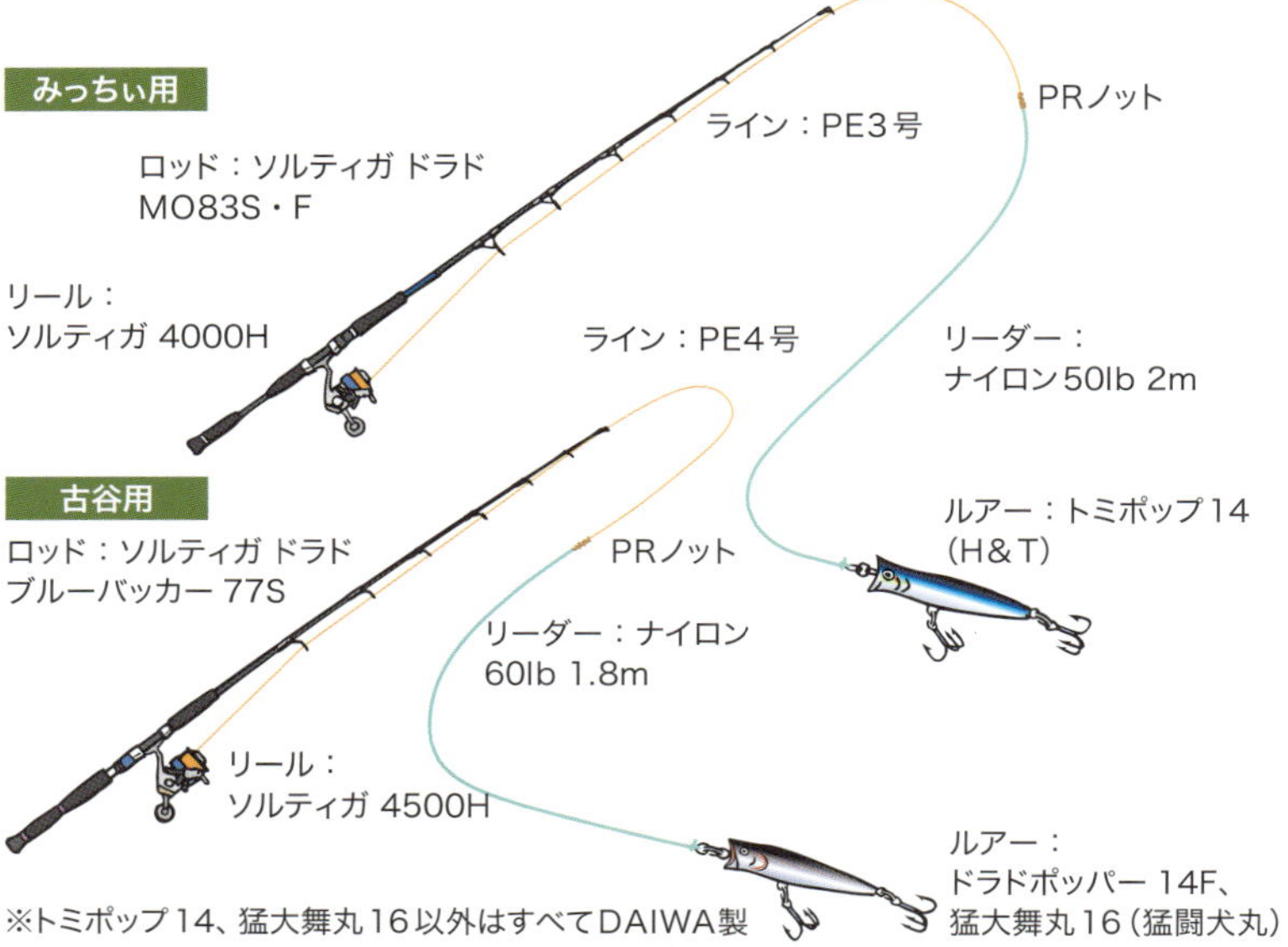

※トミポップ14、猛大舞丸16以外はすべてDAIWA製

魚を警戒させないように、エンジンを切ってフネを流す。風上側からボイルにゆっくり接近するようにアプローチする

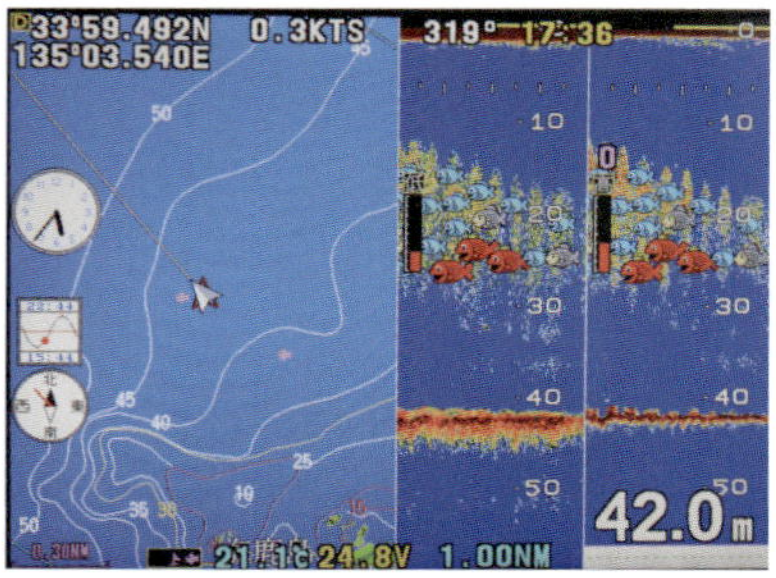

ボイルの周辺で魚探を見ると、ベイトの反応と、その下に大きな個体が着いているのがわかる。これらが浮き上がってきたときがチャンス

アーは10〜14センチのトップウオータープラグや、オーバーゼアー110Sなどのジグミノーが効果的だ。

ベイトがトビウオやサンマのときは、大型ルアーが使えるので飛距離も出るし、フックも大型が使える。トビウオやサンマが水面を跳んでいる前にルアーをキャストして、ファストリトリーブ。出なければスローで誘い出す。

ルアーは、DAIWA・ドラドスライダー18F、猛闘犬丸・23MAG、ネイティブワークス・五右衛門など。

ベイトがシラスのときは、その手前の単発ボイルを12センチくらいのポッパーで誘うと釣れることがある。それでもダメなら、違う群れを探すほうがいい。

ボイルだらけの白崎沖

みっちぃ、イトー記者と合流し、和歌山マリーナシティヨット倶楽部に到着。今回は、石川伸宣さんの愛艇、〈伸栄丸〉で出航。友人の草竹よっちゃんも参加する。朝6時に出航、中紀の白崎沖を目指した。

ポイントに到着し、僕はミヨシでトリを探す。中紀エリアはミズナギドリが少なく、ウミネコが主体。数羽が飛んでいるだけでも、その下にはブリやマグロがいることが多い。到着早々、数羽のトリを発見。単発のボイルも出ている。ゆっくりと近づき、手前でエンジンを切る。石川さんがドラドポッパー、みっちぃは僕の店のオリジナル、トミポップ14センチをキャスト。すぐに水面が炸裂するかと思ったが、ノーバイト。しかし、そのあとでドラドスライダー14Fを投げたよっちゃんが、「きたー」と叫ぶ。ソルティガのツナロッドがグングン引き込まれる。「これ、

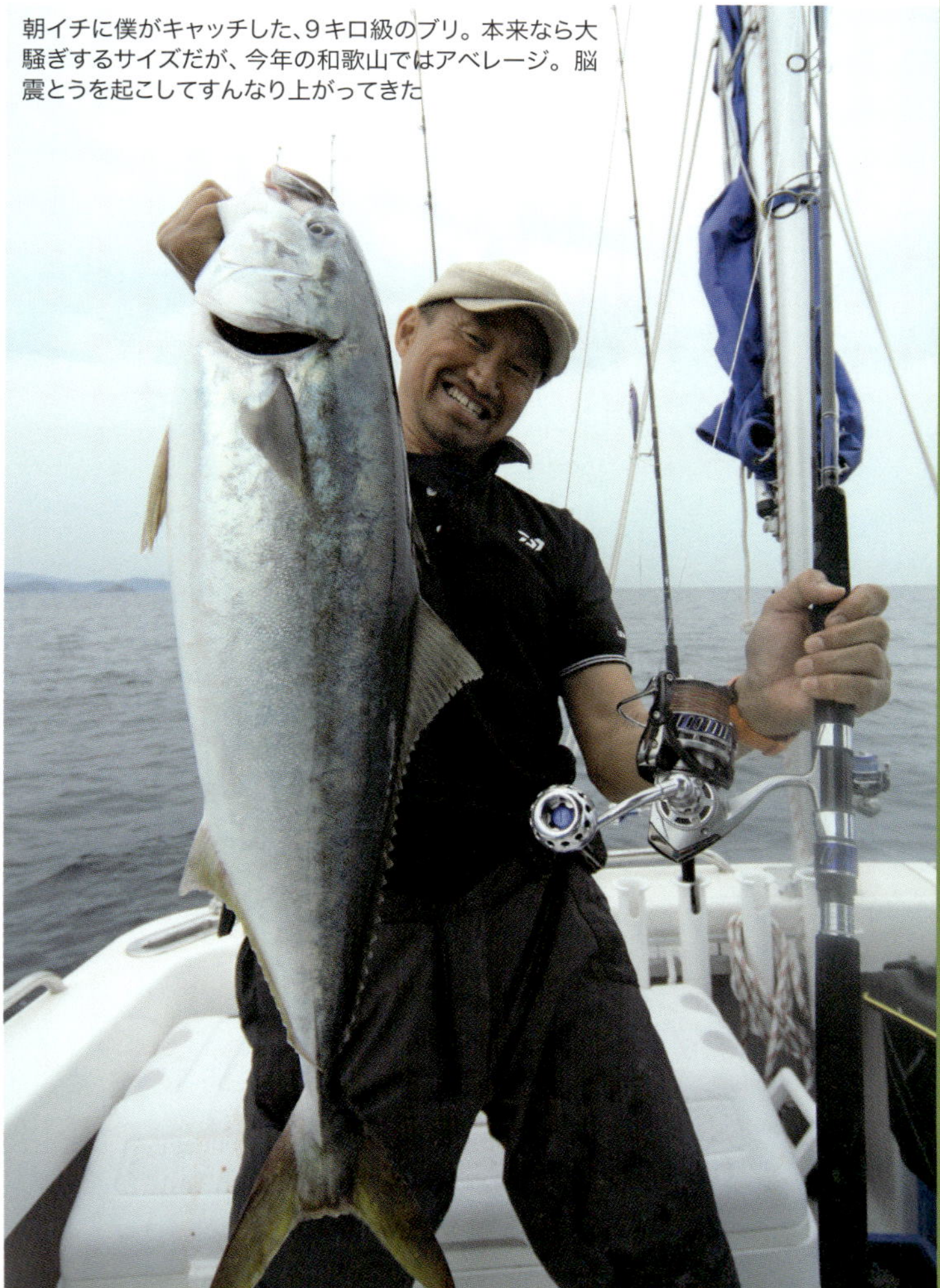
朝イチに僕がキャッチした、9キロ級のブリ。本来なら大騒ぎするサイズだが、今年の和歌山ではアベレージ。脳震とうを起こしてすんなり上がってきた

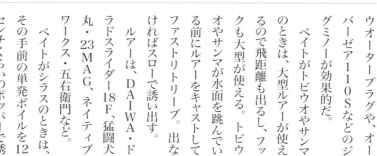

ごっついわー。マグロちゃうん?」と、よっちゃんも興奮している。3分ぐらいで水中にグリーンの背中が見えてきが、そこでフックが外れ、バレてしまった。

しかし、フネの周囲はブリのボイルだらけ。「ゴボッ、ゴボッ」と音まで聞こえる。

みっちぃが「洗濯機の渦みたい」と言った。マグロのような水面がはじけるボイルではなく、ブリのボイルは、ゆっくりと反転して大きな渦ができる感じだ。

僕も、猛大舞丸の16センチをキャスト。やや速めのジャークで誘うと、水面がモワッと盛り上がり、ブリがルアーをくわえた。フックが2/0と太軸なので、思いっきり合わせる。あまり引かないままズルズルと上がってきたのは、1メートルくらいの紛れもないブリ。ネットですくった途端、大暴れ。強烈なフッキングで、脳震とうを

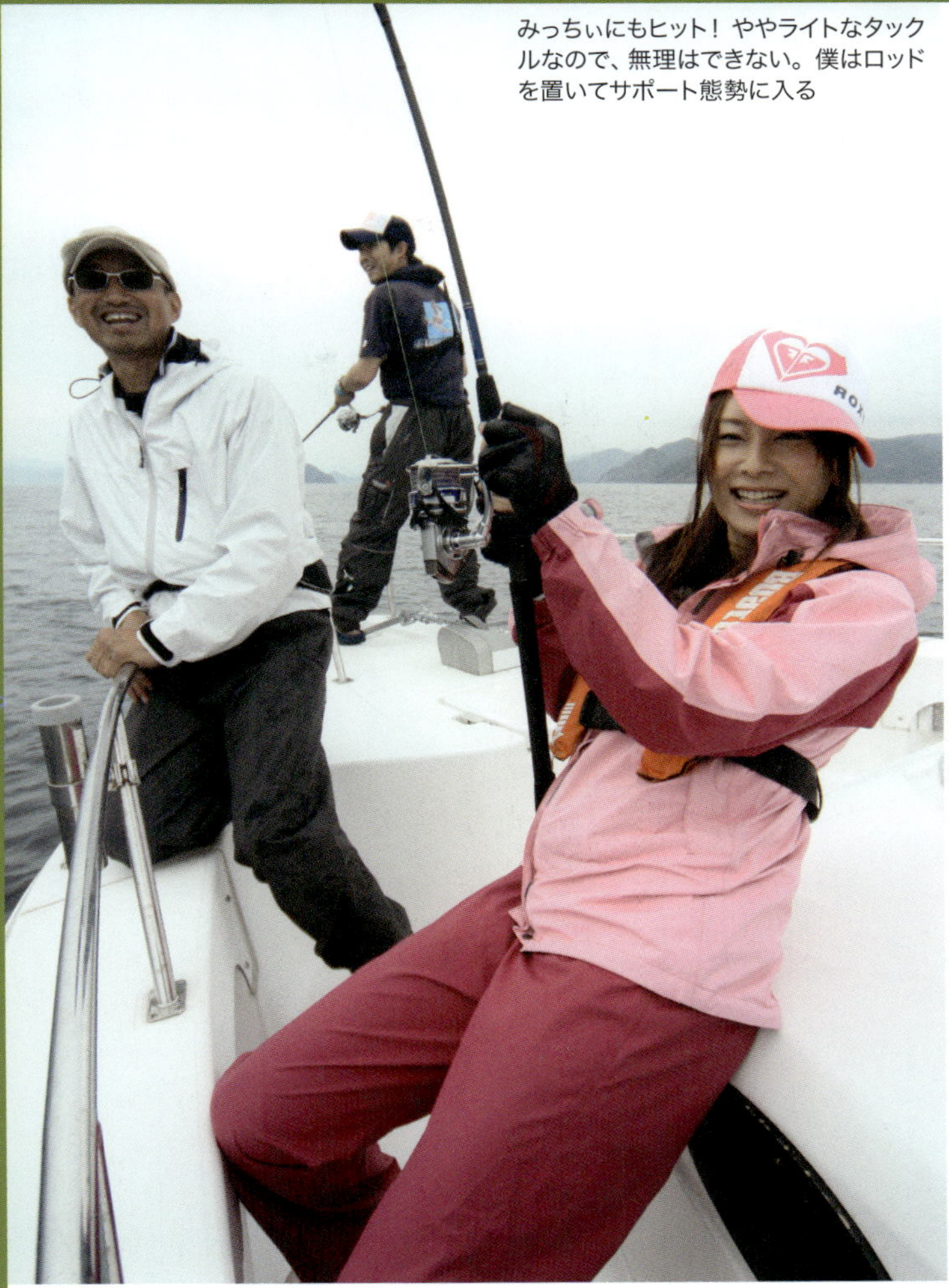

みっちぃにもヒット！ ややライトなタックルなので、無理はできない。僕はロッドを置いてサポート態勢に入る

トップ用ルアーのアクション

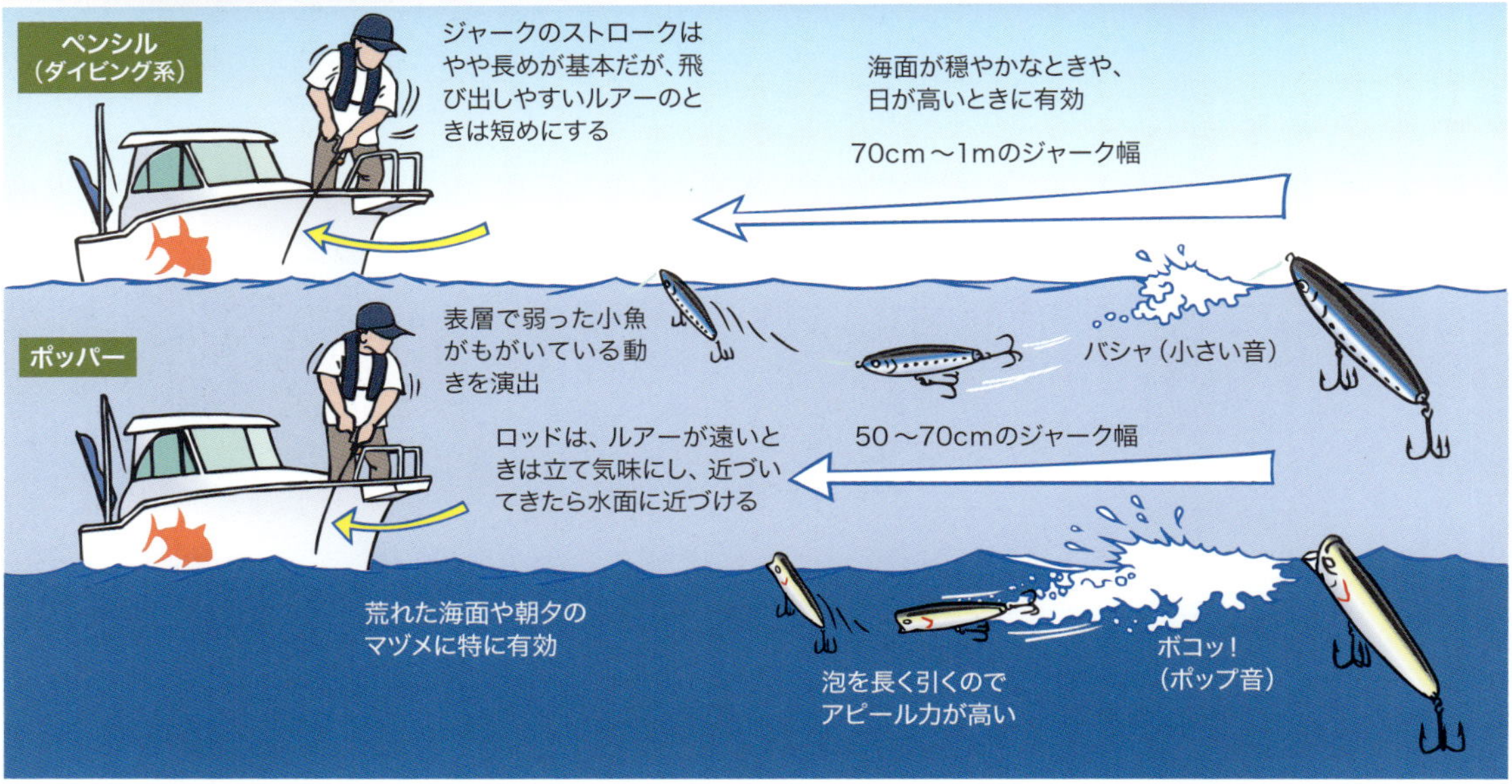

ペンシル
(ダイビング系)
ジャークのストロークはやや長めが基本だが、飛び出しやすいルアーのときは短めにする
海面が穏やかなときや、日が高いときに有効
70cm～1mのジャーク幅
表層で弱った小魚がもがいている動きを演出
バシャ(小さい音)
ポッパー
ロッドは、ルアーが遠いときは立て気味にし、近づいてきたら水面に近づける
50～70cmのジャーク幅
荒れた海面や朝夕のマヅメに特に有効
泡を長く引くのでアピール力が高い
ボコッ!
(ポップ音)

ツナロッドのパワーを生かし、即座にランディング。こちらも9キロ級のブリだが、みんなみっちぃのフォローに回り、関心を示さず

みっちぃのファイト中に、トモで投げていたよっちゃんにヒット！　しかし、みんな完全無視で、一人奮闘する

ドラグをきつめにセットしたものの、どんどんラインが引き出される。みっちぃはしっかり腰が入った危なげないファイトを繰り広げる

僕の差し出したネットにルアーのフックが絡んでしまい、万事休す！　しかし、もう１本ネットを用意してもらっていたので、後ろからすくってフォローできた

撮影のために持ち上げようとするが、あまりの大きさに……

後計測で12キロ、一生に一度しか出合えないであろう見事な巨ブリ。そんなメモリアルフィッシュを一発で仕留めてしまうみっちぃは、“持っている”のかも……！

トリのいるあたりをねらってフルキャスト！ 大きなルアーには大きなフックが付いているので、周りの安全を十分に確認してからキャストしよう

起こしたようだ。ブリではよくあることだ。

そして、みっちぃに

みっちぃのルアーにも何度もチェイスやバイトがあるが、なかなかフッキングしない。みっちぃは真剣そのもので、釣り好きのおっさんと化していた。

そしてとうとう、「きたー！」と嬌声を上げた。ロッドがMO83S、ラインもPE3号なので、無理はできない。ラインはドンドン引き出される。みっちぃは「これってブリ〜？ ハンドルが巻けない〜！」と叫ぶ。僕が横でアドバイス。「ブリはゆっくりやったら絶対獲れる。がんばれ！」

そのとき、トモで遠慮気味に釣っていたよっちゃんが「きたー」と叫ぶが、みんな完全に無視。なんとかみっちぃに獲らせようと、石川さんも、みっちぃ優先で操船してくれる。たまに船下に入ってヒヤッとさせられるが、ロッドを水中に入れて待っていると出てくる。みっちぃは「腕が限界でもうだめ〜」と言っているが、心はファイティングモード全開。少し濁った水中に、緑っぽい魚体が見えた。僕が釣ったのより、かなり大きい。先によっちゃんが、ソルティガ80TNのパワーに物を言わせてランディング。9キロくらいのブリだ。

みっちぃの魚もとうとう浮いた。ここが大事で、僕は大型ネットを構えながら、石川さんに「もう1本ネットを用意して」と言う。大型の魚は、ネットにフックが絡むと確実にバレるので、2本のネットですくうのがコツ。あまり見たことがない大きさのブリに、僕も緊張したのか、フックがネットに絡む最悪の事態に。そこでよっちゃんに、もう1本の

みっちぃの12キロには及ばないが、これも10キロ弱のブリ。来シーズンにまた楽しませてくれるかはわからないが、可能性は十分にある

キャスティングヒラマサ用のパワーロッドものされるほどのヒキを見せた。石川さんがランディングをサポートしてくれる

途中から雨が本降りとなり、男性陣がキャビンに撤収してからも、みっちぃはライトジギングでホウボウやイサキ、サバなどをキャッチ

ネットで尻尾からすくってもらう。

　無事にブリは上がった。中紀の海に、みっちぃの「やった〜！ 獲ったど〜！」と言う声が響き渡った。

　その後、石川さんとキャストしていると、すぐに石川さんに出た。しかしフッキングせず。釣りを再開したみっちぃのルアーにも、こいのぼりのようなブリが追いかけてくる。

　僕はドラドポッパーに交換して、ポコッポコッとやや速めのポッピングで誘うと、モワッと出た。ロッドに重みが乗るまで待ってフッキング。今度は強烈に引く。「こりゃあ、みっちぃやったらしんどいわ」と思う。ロッドはブルーバッカー77のヒラマサ用なのでパワーファイトができるが、それでもロッドがのされるほどのヒキだ。やっと上がってきたのは、やはり1メートルぐらいの9キロサイズ。

　昼ごろになって、さすがにボイルは少なくなった。この取材の前の週は夕方もすごかったので、絶対釣れると余裕だったが、それ以降はブリはどこかに移動したのか、ノーバイトだった。

　みっちぃに、「たぶん死ぬまで、これ以上のブリは釣れへんで〜」と言うと、12キロのブリが、どれだけすごいかわかったみたいだった。

当日の釣果。手前から12キロ、上の3尾は9キロ前後、そして……

みっちぃは、石川さんに指導されながら、操船にもチャレンジ。同型艇の離着岸を『ボート倶楽部』の取材で体験したが、沖をこれだけ快走したのは初めてとか

今回のミッション達成率

100%

今回のミッションは、誰がなんと言おうと満点でしょう。特に、初めてのブリで12キロを釣り上げたみっちぃには、120点をあげたい。本当によくがんばりました。

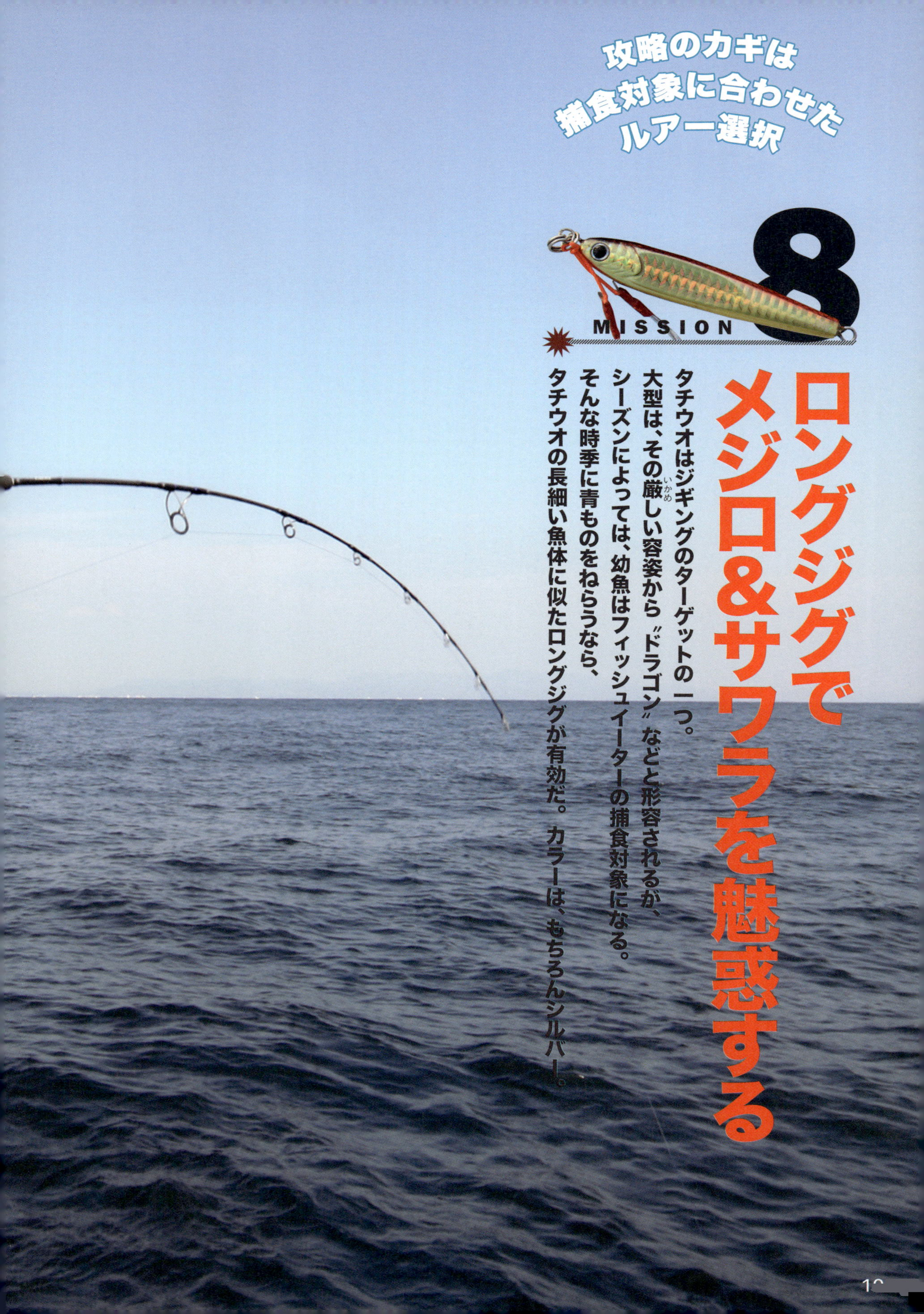

攻略のカギは捕食対象に合わせたルアー選択

MISSION 8

ロングジグでメジロ&サワラを魅惑する

タチウオはジギングのターゲットの一つ。大型は、その厳《いかめ》しい容姿から〝ドラゴン〟などと形容されるが、シーズンによっては、幼魚はフィッシュイーターの捕食対象になる。そんな時季に青ものをねらうなら、タチウオの長細い魚体に似たロングジグが有効だ。カラーは、もちろんシルバー。

8 兵庫県・淡路島南部 メジロ&サワラをタチウオパターンで攻略せよ!!

◉ボート倶楽部 2014年1月号掲載

今回のボート

大江さんの愛艇、〈ALL BLUE III〉(ヤマハSC-30)。クルーザータイプの航走性能と、FBからの良好な視界は、ぜひともナブラを追う釣りで試してみたい

今回のメンバー

真ん中がオーナーの大江隆夫さん。左は大江さんの友人である隈元哲也さん。2人とも、クロマグロやキハダの大物釣りを好むルアーマンだ

少し早めに開幕したタチウオパターン

9月から10月いっぱいまでの大阪湾では、ベイトはマアジがメインで、ジギングよりもノマセ釣りや落とし込みに分がある。11月になるとマアジは少なくなり、代わりにタチウオがベイトとなる。

2013年の大阪湾は、10月にシラスが異常に多く、トップでメジロが爆釣した。和歌山県・泉南の小島沖や、兵庫県・淡路島の洲本沖のタチウオポイントでもシラスが多く、水面が真っ白になるほどの、メジロのナブラが連日沸いていた。多い日は1人で10尾、ルアー船では船中40尾超えの釣果で、僕も釣行したが、すさまじいボイル。何隻ものルアー船が来ていたが、一つのナブラを1隻で独占できるほど、広範囲にナブラが出ていた。

シラスナブラは食わないナブラとして知られるが、今シーズンは、スケルトンカラーのペンシルやポッパーで、メジロがよくバイトしてきた。

FBは、大人4人がゆったりとくつろげる広々スペース。移動中は休憩も兼ねることができて、快適な1日を過ごすことができた

そして10月も中旬になると、水温低下とともに、タチウオパターンの季節がやってきた。10月中旬にシラスナブラねらいで釣行し、4人で8尾釣ったところでナブラが消えたので、今シーズン初のタチウオパターンを試したところ、僕には4流しでブリが3ヒット。4人でメジロ、ブリが10尾と、いい釣りができた。いよいよタチウオパターンの季節到来。いつもは12月ごろが最盛期なのだが、今シーズンは少し早いようである。

出だしはまずまず 潮の動きが気になる

今回は南紀のマグロ釣行で知り合った大江隆夫オーナーの愛艇、〈ALL BLUE Ⅲ〉(ヤマハSC-30)で、メジロねらいの釣行とした。

大江さんは、当連載で以前にも登場していただいたが、今回のロングジグのタチウオパターンは初挑戦。大江さんの友人である、マグロ一筋の隈元哲也さんにも助っ人で来てもらった。

ホームポートの和歌山マリーナからポイントの淡路南部までは約30分。サロンクルーザータイプのヤマハSC-30での移動は非常に楽で、少々波があろうが、軽快に走る。フライブリッジからの眺めは最高で、これならマグロのナブラ探しなどに最適なフネだと思い、隈元さんと、「これで南紀へ行って、キハダのナブラをねらいたいな~」と話していた。

満潮時は、マリーナ沖合の砂地の瀬でメジロ、サワラをねらったが、反応はなく、潮の下げ始めと同時に本命ポイントへ移動。水深は30

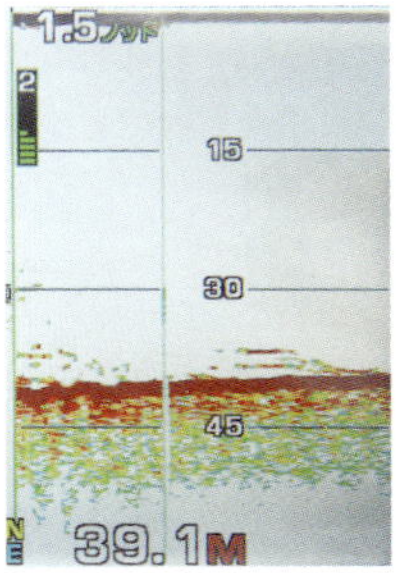

最初のポイントでは、海底付近に反応が出ていた。ボートを移動して探ってみると、どうやらこの周辺に魚がまとまっているようなので、まずはやってみることに

大江さんにアクションをレクチャーしながら、本日の1投目。大江さんは、ロングジグのタチウオパターンは初めてらしいが、なかなか上手である

～50メートルの岩盤の瀬で、潮は最大約4ノットまで流れる。ジグは太刀Nジグの230グラム。フックは5／0を段差でセット。タチウオパターンのときはリアフックも付けたほうがいいが、水温の高い10月下旬は、潮が速いときにアタリが出る。そのため、根掛かりが多発するおそれがあるので、今回は付けなかった。

ポイントの潮は約2ノットで、水深40メートルから流し始めた。深いところでは潮が緩く、根掛かりは少

レクチャーの最中、幸先よく僕にヒット！ グングンと底に突っ込むヒキはブリを思わせたが、それほど重くはなく、ラインも出されない

ないが、最浅部では2ノットを超えて根掛かりも多い。

底から2ジャークはスローのワンピッチ、そこで大きくロングジャークを入れ、ややラインを張り気味にフォールすると、そこでラインが止まった。瞬間に大アワセを入れると、ロッドに重みが乗る。底にグングンと突っ込むので、ブリか？と思ったが、重みが少ない。ロッドはいつものジギング用ではなく、ソルティガ コースタル60S。ラインはPE3

当日の使用タックル

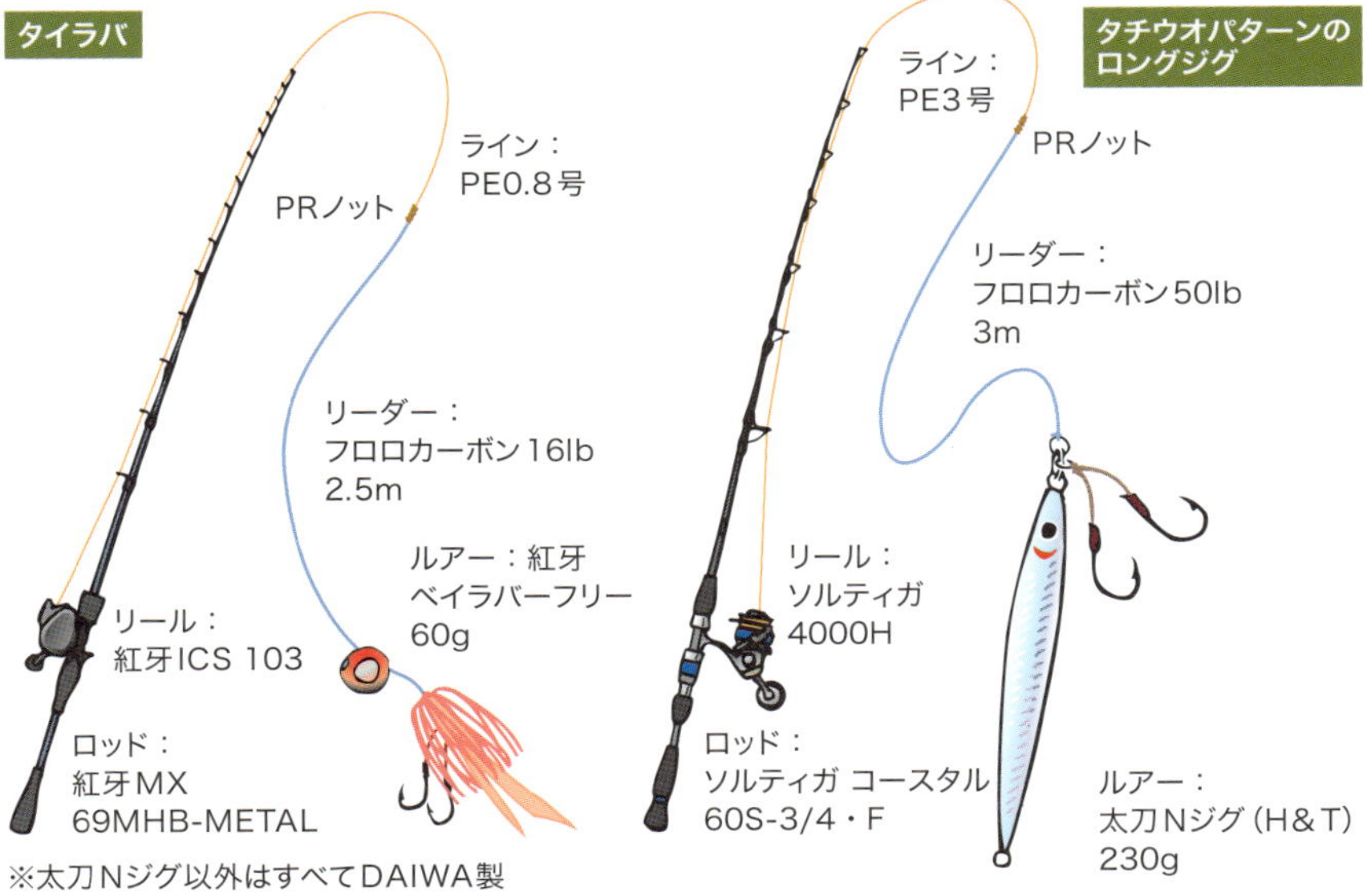

※太刀Nジグ以外はすべてDAIWA製

タチウオやマダイもねらう予定なので、それぞれに対応するタックルを積み込んだ。可能であれば、さまざまな状況に対応できるタックルを持ち込みたい。備えあれば憂いなしだ

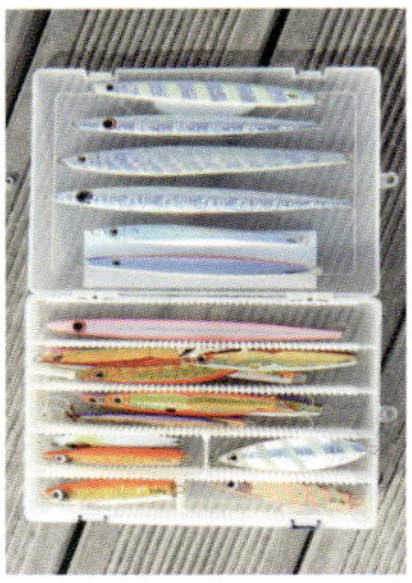

今回用意したジグの一部。上に並んでいるのが、タチウオパターンで使用するロングジグ。タチウオパターンの場合、カラーはシルバーがいい

号で、リーダー50ポンドなので、安心してパワーファイトが楽しめる。

ほどなくして茶色い魚体が見えた。70センチ級の立派なカンパチである。この周辺のカンパチは、大型のものだと養殖イケスから逃げ出した個体が多いが、これはヒレが立派な天然ものだった。

次の流しでは、ワンピッチジャークで中層までシャクっていた隈元さんにヒット。これはすんなり上がってきた。サワラの70センチ級。大阪湾のサワラは脂がノリノリ

(右)最初のサワラは隈元さんにヒット！ 血抜きをすると、血に混じって脂が光る。脂ノリノリで、本当にうまかったそうだ
(下)朝一番に、太刀Nジグのフォールに食ってきた70センチのカンパチ。ヒレピンの天然ものだ！

僕に良型のメジロ。フォール中のアタリは小さいことが多いので、小さな違和感にも迷わずアワセを入れよう。それがアクションになって、次のフォールで食いつくこともある

釣り上げた魚はおいしく食べたい。次々に釣れているときは面倒に感じることもあるが、ほんの数分の作業だ。しっかり血抜きを行おう

少しずつ移動しながら、好ポイントを見つけた。すると、大江さんと隈元さんはダブルヒット！ こんなメジロが、流すたびに誰かにヒットした

で、僕たちはバターサワラと呼んでいる。ブリやカンパチよりも、食味では人気が高い。

タチウオパターンはフォールが攻略のカギ

いよいよ潮が速くなり、3ノット近くなってきた。魚探にもメジロらしい青ものの反応が映るが、潮が速いので底から3メートルくらいに固まっている。

ロングジグで攻めてみると、やはり、フォールでググッと、ロッドに小さなアタリが。タチウオパターンのときは、ワンピッチジャークやジャカジャカ巻きのように、ガツーンという強烈なヒットは少な

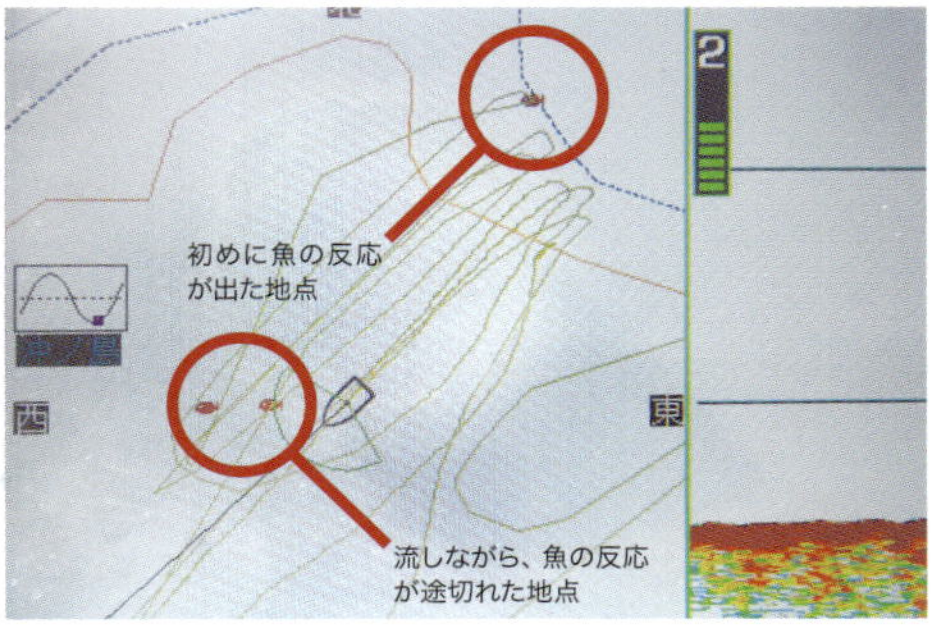
初めに魚の反応が出た地点
流しながら、魚の反応が途切れた地点
西
東
このように、「始まり」と「終わり」をマークしておけば、ボートを流す区間の目安になるため、効率よくポイントを探ることができる。目安が決まったあとは、水深や流す位置を少しずつ変えて流す。すると、航跡はご覧の通りジグザグになる

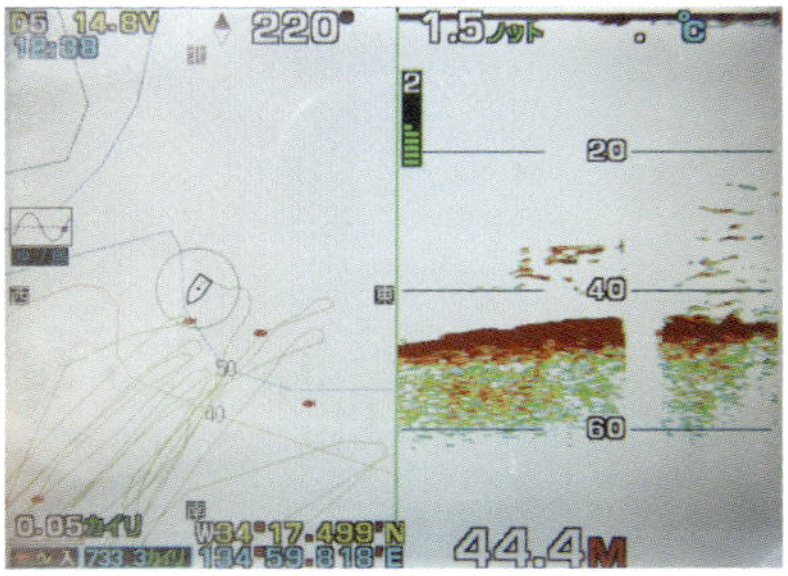
220°
1.5ノット
20
40
60
44.4M
初めにマークしたところよりも、少し水深の深いところへ移動してみた。するとどうだろう、さらに強い反応が出たので、流し始めのポイントを、よりよいポイントに変更することができた。例えば反応が悪くなった場合でも、「より明確な線引き」ができるので、さらにポイントを絞ることができる。この場合、反応が悪くなれば、もといた水深に戻ればいい

タチウオパターンのロッドアクション

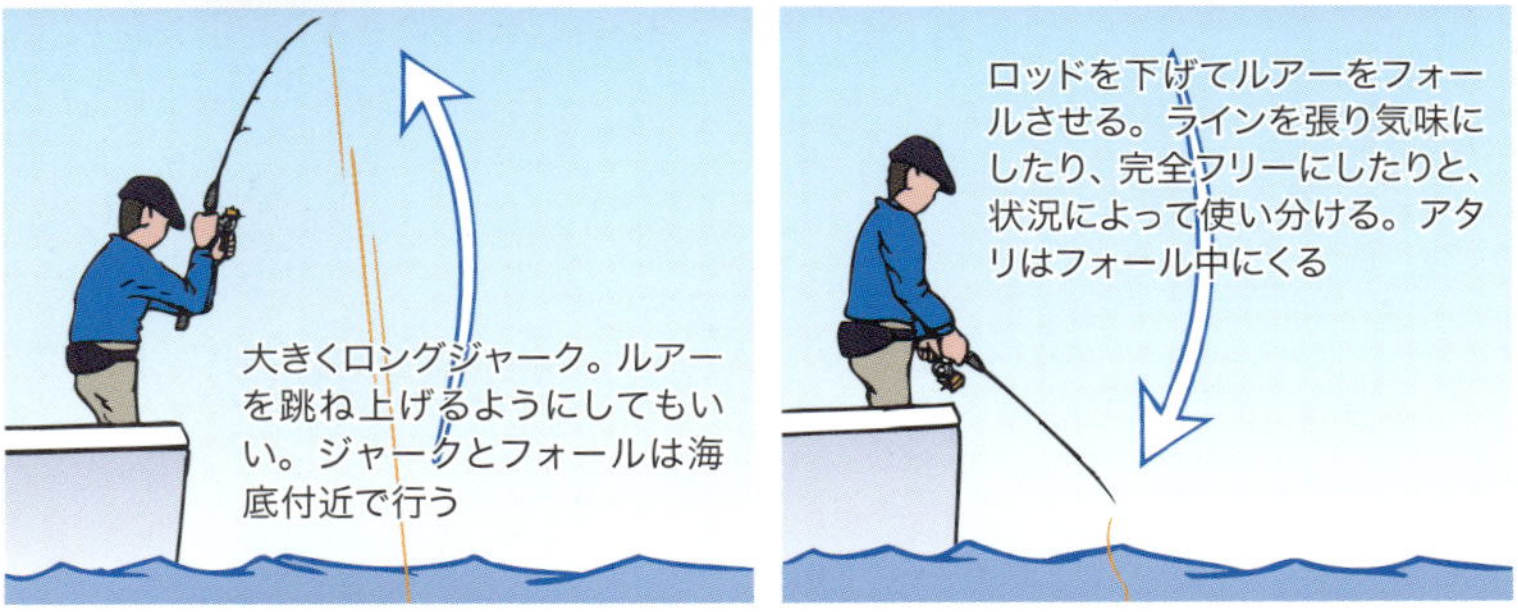
大きくロングジャーク。ルアーを跳ね上げるようにしてもいい。ジャークとフォールは海底付近で行う
ロッドを下げてルアーをフォールさせる。ラインを張り気味にしたり、完全フリーにしたりと、状況によって使い分ける。アタリはフォール中にくる

ロングジグのフォールアクション

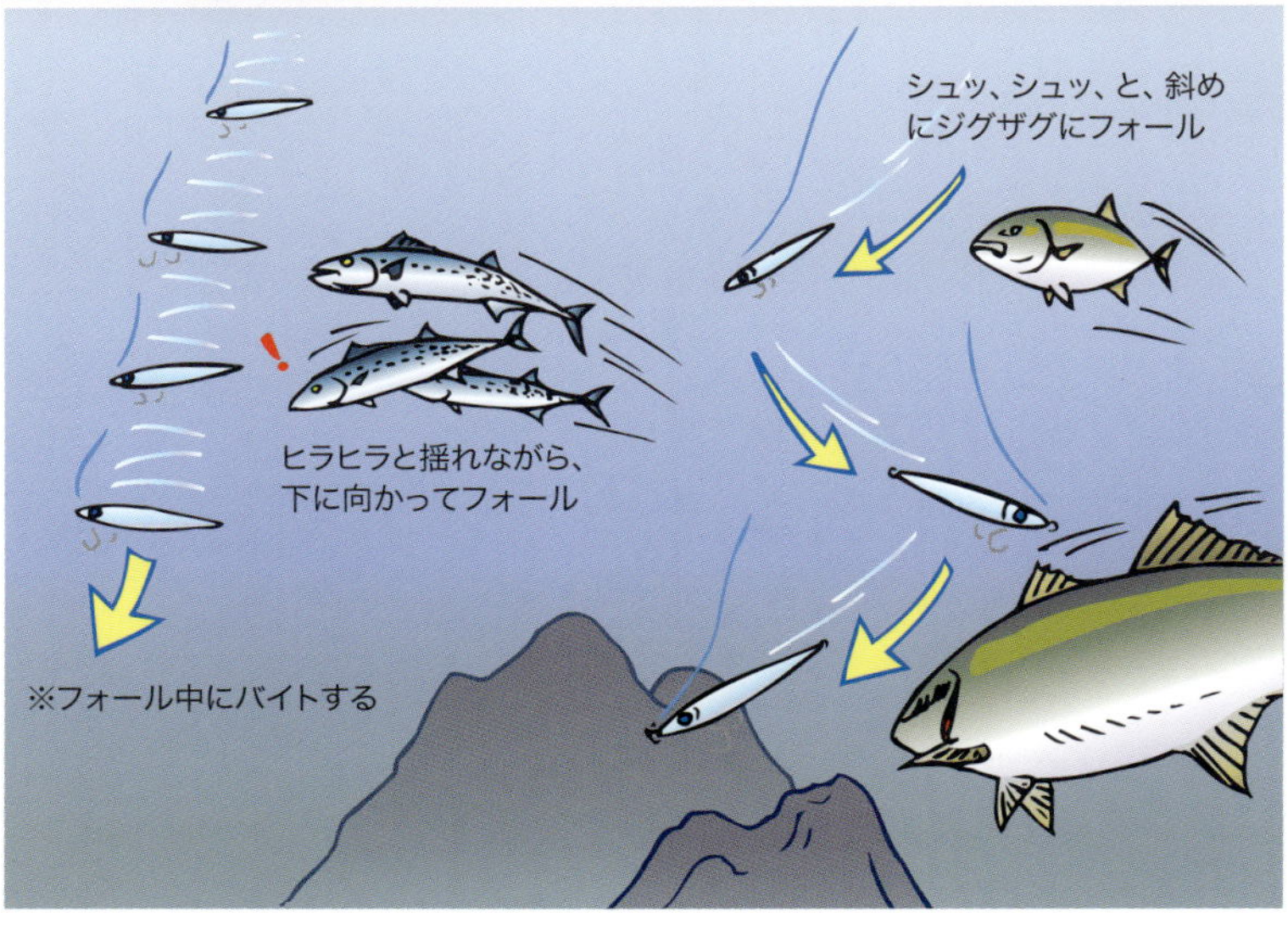
シュッ、シュッ、と、斜めにジグザグにフォール
ヒラヒラと揺れながら、下に向かってフォール
※フォール中にバイトする

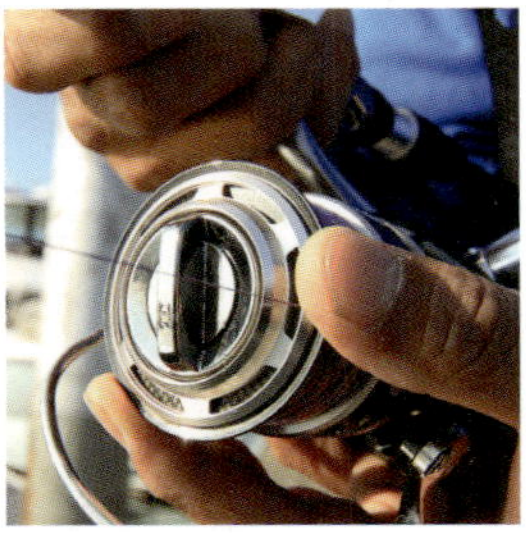
投入時のフォールは、スプールのエッジに当て、2本の指を変化を見逃さないようにしよう

ジャーク後のフォールでは、特にラインの動きを見逃さないようにする。ラインが止まったり、急に引き込まれたりするような変化があったら即アワセだ

フッキング率を上げるため、リアにアシストフックを装着してもいい。ただし、根掛かりのリスクが高まるので、状況に応じて使い分けてほしい。このジグは、当日一番ヒットのあった、太刀Nジグ

（左）まずは僕がセルフランディング
（下）そのまま同じネットにもう1尾

さらに、大江さんにもヒットで、トリプルヒット！

ポイントを見極めたら、ヒットが止まらない！ 限元さんと僕にダブルヒット！

さらに大江さんが掛けた魚を入れて、3尾まとめてランディング！ 重かった……

い。違和感を感じたら、すぐに合わせることが重要だ。今度は70センチ級のメジロが上がってきた。

限元さんが、またサワラを釣ったので、「底をフォールでやってみたら」とアドバイスすると、次の流しでヒット！ メジロをキャッチした。次の流しでもメジロを連発して、「やっぱりフォールで食うわ」と感心していた。

大江さんは、「なんで釣れへんのやろ～」と首をかしげている。シャクリは上手で、フォールを入れているのにまだヒットがない。

「そのシャクリ方なら絶対釣れるよ」と僕。そして太刀Nジグを使ってもらう。数流し目で大江さんに初ヒット。「昨日は南紀まで行ってシオ（カンパチの幼魚）ばかりだったのに、こんな近くで最高ですわ」と喜んでくれて、ライトタックルで瀬戸内海のメジロの強いヒキを楽しんでいた。1尾釣ると大江さんは釣れ続いて、「やっぱり太刀Nジグは、よー釣れますね」とひと言。

潮流が最大に近づくと、怒涛の入れ食いが始まった。最初に限元さん、そして僕、最後に大江さんがほぼ同時にヒット！ しかし、ネットが一つなのですくえない。そこでなんと、一つのネットで3尾をすくうという、荒業を敢行した。

フネの上は、終始笑いが絶えず、最高の釣行。クーラーも、DAIWA・トランク大将の50リットル2個が、すでに満杯。知り合いのボートにメジロをあげたり、「今度釣れたらリリースや」とか言っていると、潮が緩んできた。潮が緩むと、魚探の反応はますます濃くなっている。

魚は、底から10メートル以上浮いてきている。限元さんは、フォールでいっぱい釣ったので、普通のシャクリで釣ろうと、ワンピッチでガンガンシャクリ始めた。

しかし、フォールではポツポツ釣れるが、ワンピッチジャークではまったくヒットがない。「やっぱりフォールしかあかんわー」と、限元さん。

後半はタチウオ
タマズメはマダイ

2ノットくらいと、通常では一番いいと思われる流速だが、なぜかまったく口を使わなくなった。普段は、潮が緩むと中層でも食うので、ワンピッチやロングジャークなどを加えたコンビネーションジャークも試みるが、ヒットはなくなってしまった。

それではと、予定していたタチウオをねらうことに。小島沖は水深70メートルから、深いところで90メートル。70メートル付近に遊漁船の集団があったので、少し離れて流すことにした。タックルは、ロッドがソルティガ BJ 65XHB・SMT、リールはリョウガ BJ C2020PE・H。ラインはPE0・8号、リーダーは30ポンド。その先に、さらに60ポンドを60センチを結んだ。ジグはスローナックルの160グラム。最近ではタチウオジギングもスローなアクションが効果的なことがわかり、スロー系のジグもよく売れている。

グッドサイズのメジロが、同時に3人の手に。ポイント、パターンをつかんだ結果が、トリプルヒットを生んだ

指4本級の、まずまずのタチウオ。うまそうなサイズだったが、この直後にフックが外れて、海に帰っていった

大江さんのロングジグに、スレ掛かりしてきた小型のタチウオ。このサイズのタチウオが、メジロやサワラのベイトとなっている。ロングジグが効果的なわけである

潮はほぼ止まっていて、簡単に底が取れる。底からスローワンピッチで3回、そして、少しだけロッドをシャクり、ジグを横に飛ばす。それを何度か繰り返すと、フォールで小さなバイト。フッキングすると結構引いた。口にフッキングすると、タチウオもなかなかのファイトを見せる。リアにトリプルフックを使うとスレが多く、重いだけのファイトとなるので、僕はリアにもアシストフックを2個装着している。

指4本くらいの良型が上がってきたが、水面でポーズを取ったりして、「エイッ」と抜きあげた瞬間、フックが外れて海に帰っていった。

それから大江さんが小さいのを釣ってから、誰にも当たらなくなった。

上げ潮になったのを機に、太平洋側のポイントへ移動。そこではタイラバでマダイねらい。DAIWAから紅牙ブランドのタックルが出てからは、アタリは多いし、バレも少なくなって、さらにタイラバ釣法が好きになった。

夕方の時合、和歌山県・田倉埼沖のフラットな砂地

今回最大の、丸々と肥えている90センチ級の極上サワラ！
これは間違いなくうまい……。隈元さんもニコニコだ

のポイントをねらう。魚礁が点在するが、ピンポイントでねらうのではなく、ドテラ流しで何百メートルも流すほうがアタリは多い。

潮は0・8ノットで流れ、タイラバには絶好の速さ。ロッドは紅牙MX 69MHB-METAL、リールは紅牙ICS103。ラインはPE0・8号、リーダーは4号。タイラバには、ベイラバーフリー60グラム紅牙レッドを結ぶ。

着底して、レベル4で巻き巻きする。このリールには、カウンターに水深と巻き上げスピード(レベル)が表示されるので便利だ。最初のアタリは僕にきた。コンッと小さいアタリの直後に、ガクガクとマダイが暴れている感じ。今までならコンッ、で終わるのが多かったが、小型のサクサスフックでフッキング率が高くなった。上がってきたのは手のひらサイズのチャリコ(マダイの幼魚)。それからもチャリコが数尾釣れた。

隈元さんは中オモリ仕掛けでアオリイカをねらっている。1回ヒットしたようだがバレてしまった。この日は水温が23度くらいあったので、アオリイカは、まだ深場にはいないようだ。

夕暮れ近くなって、そろそろ帰ろうかと思っていたころ、FBから釣りをしていた大江さんが「きたきた」と、笑顔でリールを巻いている。上がったのは30センチの小型マダイだったが、本命が釣れて、全員大満足での帰港となった。

(右) 僕のタイラバにはショウサイフグがヒット。フグの仲間はラバーをかみ切ってしまうので、あまり歓迎できない
(下) 大江さんには定番外道のガシラ

最後のひと流しで、大江さんに30センチ級のマダイがヒット。この1尾で納竿とした。日没が早くなってきて、冬の訪れを感じさせる

チャリコだが、一応は本命ゲット

今回のミッション達成率

100%

今回は達成率100%! 出航が10時ごろだったのを考えると、すごすぎる釣果! 南淡路周辺では、11～1月いっぱいまで、タチウオパターンが続く。タックルボックスには、ロングジグのご用意を。

帰港後は釣魚料理を楽しむ一泊二日の満腹プラン

MISSION 9

グルメジギング in紀伊水道

ジギングのターゲットは食味抜群の魚種ばかり。
帰港後、仲間と一緒にその日の釣果を味わえば、
釣行の楽しさは倍増、絆もさらに強まるだろう。
ともに釣り、ともに味わう――。
たまには、そんな欲張り釣行はいかがだろうか。

9 和歌山県・紀伊水道

おいしい魚を釣って地魚料理店へ持ち込むグルメ釣行へGO!!

◉ボート倶楽部 2013年1月号掲載

今回のボート

すっかりおなじみの〈伸栄丸〉（ヤマハFR-32）。ホームポートは充実した設備とサポート、一級ポイントまで近い好条件と、和歌山マリーナシティ内という立地も魅力の和歌山マリーナシティヨット倶楽部

今回のメンバー

左が、すでに半レギュラーと化している石川伸宣オーナー。真ん中が操船などをサポートしてくれた、和歌山マリーナシティヨット倶楽部の釣り大好きスタッフである松っちゃんこと松本 剛さん、そして右が僕

紀伊水道グルメ釣行

今回は、連載「ミラクルボートゲームス」初となる1泊2日のお泊まり釣行、それも高級リゾートホテル泊である。

ターゲットはいつものようにマグロを想定しながら、ジギングあり〜の、落とし込み（ノマセサビキ）あり〜のと、釣れるものはなんでも釣って、その夜に地元の地魚料理店に持ち込んでグルメ三昧《ざんまい》、という企画でもある。

今回のメンバーは、僕がマグロを釣るならこのフネでと考えている〈伸栄丸〉の石川伸宣オーナー、ホームポートである和歌山マリーナシティヨット倶楽部スタッフの松ちゃん、僕、それといつもオーナーを差しおいてよく釣るKYなイトー記者の4人。6月下旬にベタ凪の海に出た。

ヤマハFR-32のキャビンは実に快適。ポイントまでのクルージングも楽しいひととき。いつもにぎやかな松ちゃんの様子が、ちょっとおかしいぞ……？

取材当時は日ノ御埼の遊漁船で、マグロの15〜20キロがかなり上がっていた。今回は2日間の釣りなので、マグロを絶対に仕留めるという自信もあった。

約1時間で日ノ御埼沖に到着。しばらくマグロのボイルを待つために、エンジンを切ってフネを流す。トリはいるのだが、マグロのボイルは確認できず。

それではと南下して、別のマグロのポイントである高専沖に移動。ここで仲よしの遊漁船〈牛若丸〉を発見。船長に状況を聞くと、「単発で跳びやる」と御坊弁で教えてくれた。以前ハタが釣れた水深40メートルにはベイトがいないので、浅い場所を探っていると、水深20メートルですごいイワシの反応が出た。

すぐにタングステン製のジグ、TGベイトを落とすと、ググッときた。30センチ級のイサキが上がる。それも連発で。

ここですでに、マグロモードがジギングモードに。しばらくすると、オオモンハタまで釣れた。水深は18メートル。こんな浅い場所でオオモンハタが釣れたのは初めて。普段は誰も攻めない水深なので魚が残っているのか、連発で釣れてきた。

イワシの反応がなくなると、また魚探で群れを探す。こんなときにソナーがあれば楽なのだが。特に、水深が浅いと魚探の超音波が届く範囲が狭いので、魚探だけではなかなか魚群を見つけられない。

しばらくうろうろして、少し離れたところに再びイワシの反応を発見。やはり、イサキが何尾もヒットしてくる。〈牛若丸〉の船長にも連絡して、一緒にフネを流した。

オジサンやアカハタ、フエフキなど、いろいろと釣れる。

僕も負けじと良型イサキ。食わせ方にちょっとしたコツがあるものの（59ページ参照）、イサキはジギングでねらえる、おいしいターゲットとして注目だ

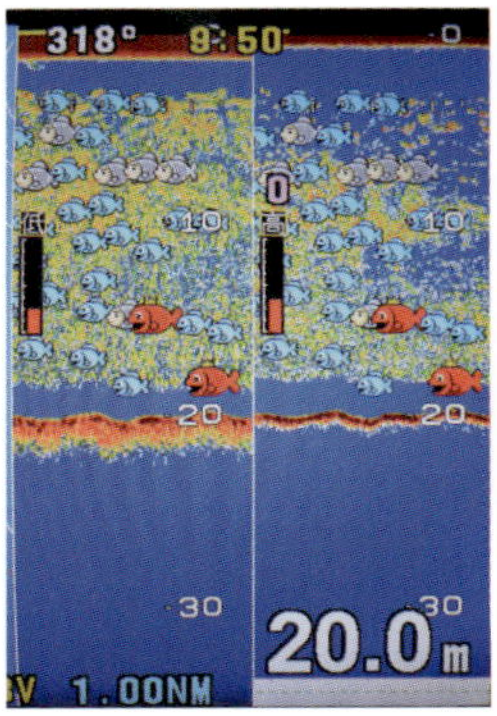

水深20メートルのタナ全体に、ベイトフィッシュの反応がぎっしり。下のほうにはフィッシュイーターと思われる大型魚の単体反応も見られた

最近の釣行では、常にマグロタックルの準備をしている。トリヤマやボイルを見つけるとすぐにキャスティングモードに入るのだが、やはり手ごわい相手なのだ

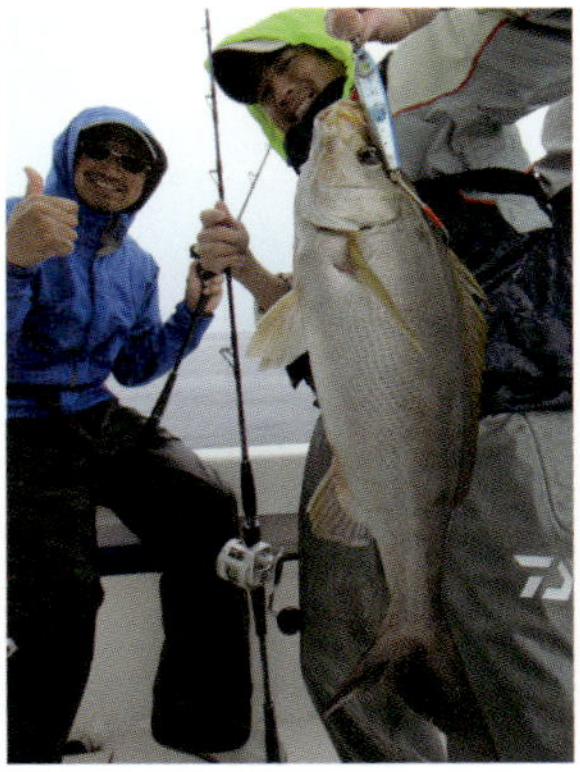

石川さんのイサキもぼってりと太っている。今晩、地魚料理店に持ち込む食材ゲットだ

石川さんが良型のカサゴ、松ちゃんはイサキをジグでゲット。イワシベイトのときには、なんといってもTGベイトが最強となる

そのうちマルソウダもヒットした。今までマルソウダは血合いで食当たりするといって、いつもリリースしていた。しかし、少し前に遊漁船で釣ったのをタタキと刺身で食べてから、マルソウダを見る目が変わった。腹は戻りガツオ並みの脂で、血合いを取って食べると、それこそ本ガツオと同じか、同じ時季ならそれ以上の食味かもしれない。

ただ、気をつけなければいけないのは、アニサキスが多いこと。内臓にかなりの数がいる場合が多いので、釣ったらすぐにエラと内臓を捨てること！　僕は捨てずに6時間後に食べたのだが、腹の内壁に何匹も刺さっていた。サバなどではアニサキスが刺さっているのは見たことがないが、食べる場合は、できれば刺身よりタタキが安全だろう。

ジグ用サビキで落とし込み

今晩の肴《さかな》はかなり釣れたので、本命のマグロねらいでフネを日ノ御埼方面に向ける。すると三尾漁港沖で、イワシの大きな反応があった。

石川さんがTGベイトでマダイを釣り上げる。これでまた、今晩の宴会が豪華になった。ゴマサバも釣れてさらに楽しみ。釣った魚を地魚料理店に持ち込んで料理してもらう予定なので、マグロはあきらめて早めに日ノ御埼をあとにする。

途中、初島の沖ノ島周辺でまたイワシの反応を見つけたので、僕と松ちゃんはジグで、石川さんはノマセサビキを使った落とし込みで釣る。

ここでいう落とし込みとは、九州が発祥といわれ、現在、全国的に大ブレイクしている釣法である。簡単にい

当日の使用タックル

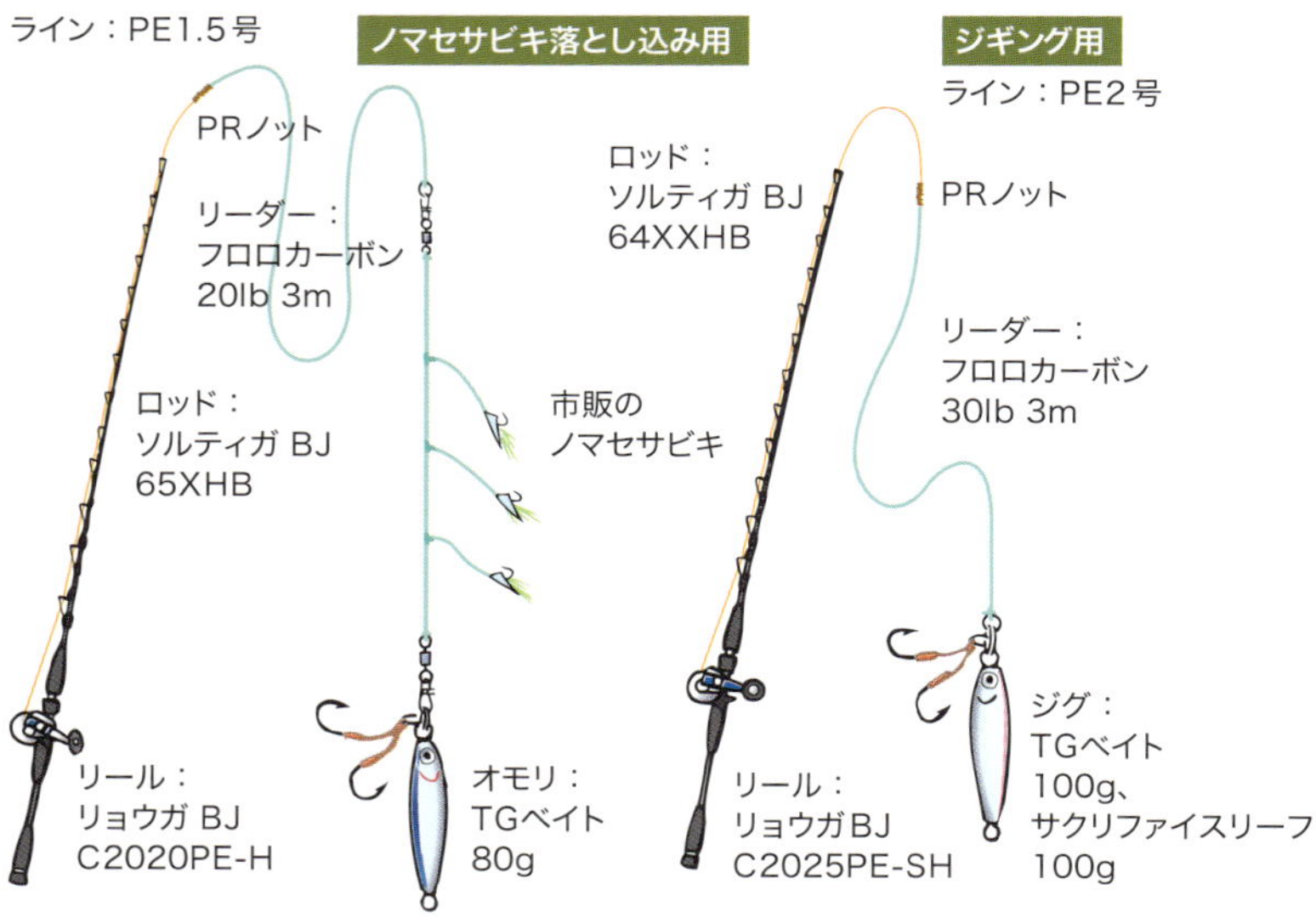

※ノマセサビキ以外はすべてDAIWA製

イワシベイトのときに、絶大な効果を発揮するDAIWA・TGベイト。タングステン製で重量のわりにシルエットが小さいので、深めの水深も小型のジグで攻略できる

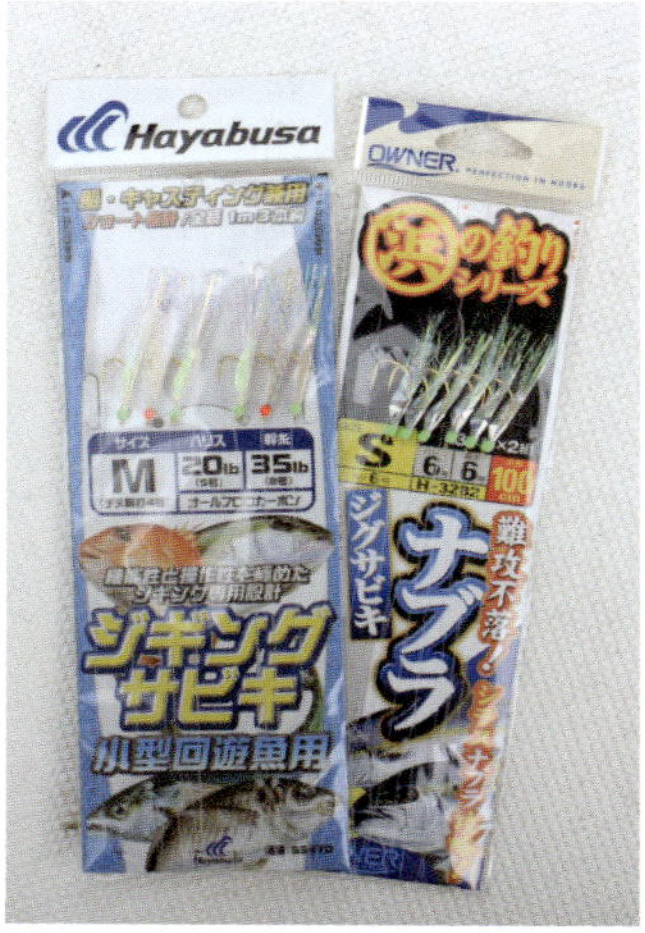

落とし込み釣りには、市販のノマセサビキをセットして臨んだ。ハリスが太めなので、大型のフィッシュイーターが掛かっても安心してやり取りできる

うと、太めのサビキをイワシやアジの魚群に落とし、そこでイワシやアジをサビキに掛けて、それをフィッシュイーターのいる海底付近に落とし込む。ハリスが短いので、20キロ級などのヒラマサやカンパチを取ることはできないが、10キロまでなら、これほど釣れる釣りはない。

通常のノマセ釣りでは、釣り上げて生かしておいたアジやイワシをハリ掛けして底まで落とすので、少しベイトが弱ってしまう。一方、落とし込みだと、泳いでいるベイトがそのままエサとな

ノマセサビキで落とし込み釣りをしていた石川さんにヒット！水面下に見えてきたシルエットは……

どうしてもマグロにこだわる僕。長年一緒にチャレンジし続けてきた〈伸栄丸〉で、なんとしてもキャッチしたいという思いが強い

トリヤマや小さなボイルに全速力で接近すると、すぐに沈んでしまう。静かに距離を詰めていくと、やがてスーパーボイルになり、そのときが最大のチャンスだ

値千金の良型ヒラメ！ 落とし込み釣りの威力をまざまざと
見せつけられた、松ちゃんと僕でした

ノマセサビキの落とし込み釣法

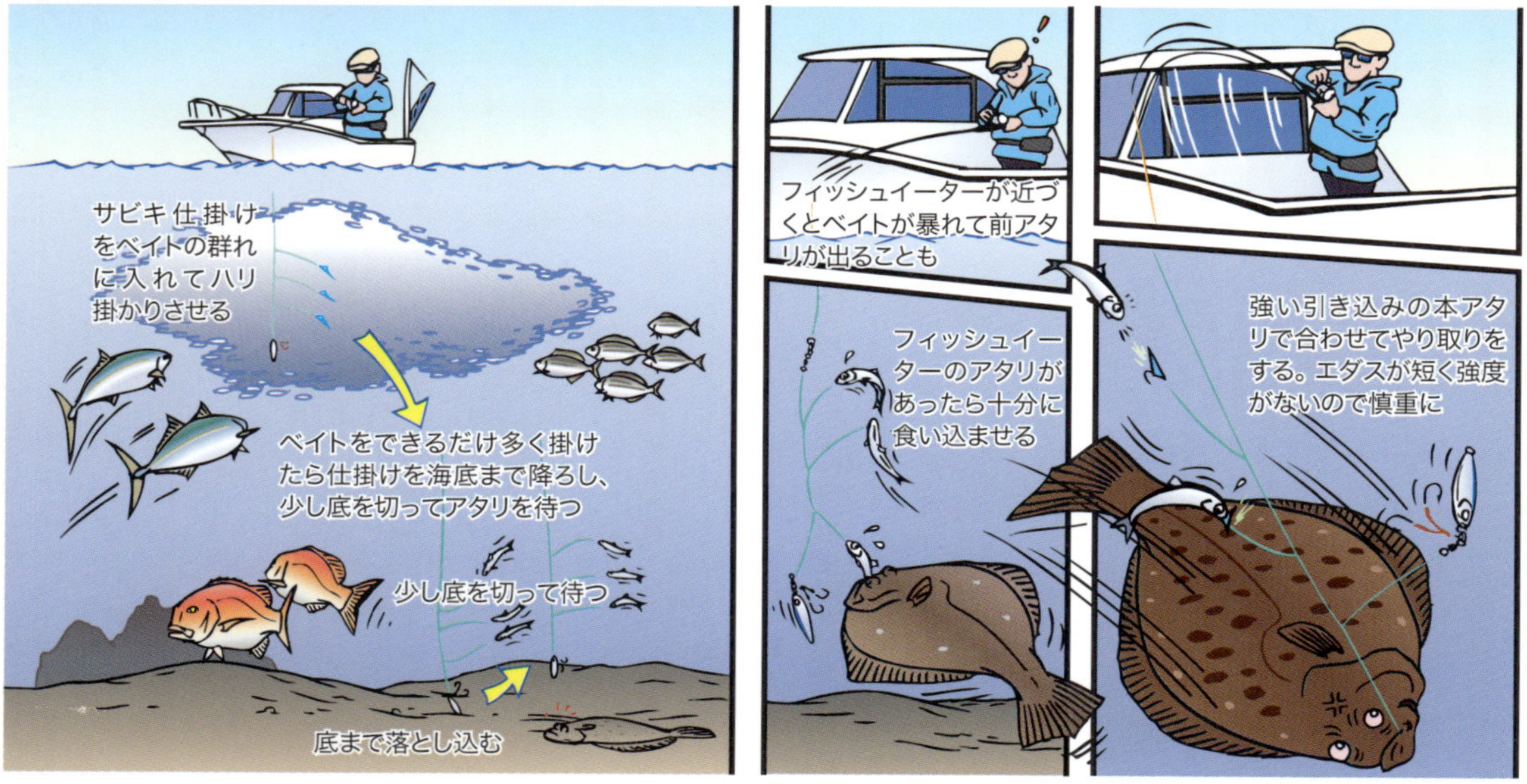
サビキ仕掛けをベイトの群れに入れてハリ掛かりさせる
ベイトをできるだけ多く掛けたら仕掛けを海底まで降ろし、少し底を切ってアタリを待つ
少し底を切って待つ
底まで落とし込む
フィッシュイーターが近づくとベイトが暴れて前アタリが出ることも
フィッシュイーターのアタリがあったら十分に食い込ませる
強い引き込みの本アタリで合わせてやり取りをする。エダスが短く強度がないので慎重に

松ちゃんが操船してイワシの群れをフネの真下に捉え、石川さんが群れの下でイワシをねらっているフィッシュイーターを直撃する

僕が釣ったマルソウダ。これまではリリースしていたが、アニサキスに気をつけて味わってみると絶品だったのには驚いた

るので、ヒット率が違う。

ヒラマサやブリ、カンパチなどの青ものから、マダイやヒラメ、ハタなどにも効果てきめん。ジギングの横で落とし込みをやられると、うらやましいほど釣果に差をつけられるのだ。

石川さんのサビキに集まってくるのは、小サバやウルメイワシが多くて、エサとしてはあまりよくない。だが、石川さんが突然、「エサが暴れてる……」と言いながらそのまま待ってると、ロッドが舞い込み、「きた～！」とロッドを立てる。かなりのヒ

(上) 釣果を持ち込んで調理していただいた「地魚 さとう」。辰ヶ浜の地魚を使う人気の鮮魚居酒屋だが、釣り人が持ち込んだ魚も調理してくれる。持ち込む際には事前に連絡して、お店の都合を聞いてみよう。
和歌山県海南市船尾200
TEL：073-483-3680
(右) 釣果のごく一部であるマルソウダやゴマサバも、こんなにすてきなお造りになって登場。盛りつけも素晴らしいが、味も絶品！ みんなで奪い合って一瞬でなくなってしまった

和歌山マリーナシティの敷地内にある高級リゾートホテル「ロイヤルパインズ」の、宿泊した部屋からの眺め。マリーナが一望できる最高の景色。たまにはこんなぜいたくな釣行も楽しい

ドテラ流しで３人が片舷に集まってジギング＆落とし込み釣り。特に風が弱くて広い根が続くようなポイントは、ドテラ流しが最強だ

上がってきたのは、僕の大好物である高級魚のオオモンハタ

僕のジギングロッドにトルクフルなヒキの魚がヒット。アシストは松ちゃん。もう結石は痛くないの？

さらに高級魚のアカハタもキャッチ！

キで、水中に茶色い魚体が。ジギングならエイのことが多いが、落とし込みではさすがにヒラメだった。

　これで晩餐はヒラメの薄造り＋縁側、それよりうまい骨せんべいもメニューに加わった。今晩の肴は十分に獲れたので、急いでマリーナに帰港する。

　調理してもらうため、「地魚 さとう」に魚を預けてから、ホテルにチェックイン。調理してもらっている間に風呂に入り、一日の塩を流す。そしていよいよ、お楽しみの夕食の時間。

「地魚 さとう」は創作料理居酒屋だが、おしゃれなバーを思わせる雰囲気。魚料理だけでなく、イタリアンなどの料理も豊富だ。

　今回のメニューはイサキ、マルソウダ、マダイ、ゴマサバ、サバフグの薄造り、サバフグとゴマサバの空揚げなど、ほんとに美味なものばかり。全員、マルソウダのうまさに感動した。ほかにもいろいろと絶品の料理が出たのだが、酔いと疲れのせいか、あまり覚えてない。翌日の朝も早いので、早々に切り上げてホテルへ戻る。

　ホテルは和歌山マリーナシティの敷地内にある「ロイヤルパインズ」。ヨーロッパ調の豪華な部屋に男3人は気持ち悪いが、少しビールを飲んで、ゆったりとした時間をすごした。

マグロがいなければグルメ

　翌朝、曇り空だがベタ凪のマリーナを出航。前日と同じく日ノ御埼を目指す。岬先端はトリも飛んでいていい雰囲気なのだが、マグロのボイルは出ない。ルアーでマグロをねらう遊漁船も数隻待機しているが、ボイルを見つけて走る様子もなかった。

　それではと、前日のグルメポイントへ。しかし、同じポイントをGPSで確認して魚群を探すが、イワシの群れが見当たらない。

　そこで少し深めのポイントへ行くと、そこでやはり、イサキ、カサゴ、オジサン、アカハタ、オオモンハタが釣れた。単発で、20キロはあるマグロのボイルもあったが、キャストには至らなかった。

　ジギングに夢中になっていると、松ちゃんの姿が見えない。もしや落水？ キャビンを見ると、くの字になって痛みをこらえる松ちゃんの姿が。尿管結石で、あまりの痛さにしゃべることもできなかったようだ。これは大変だと釣りを中止して、港へと向かう。日ノ御埼に差しかかったとき、トリの動きが変だと思った瞬間、マグロのボイルが。ルアー船が一斉にボイルへ向かう。

　しかし、こちらはそれどころではない。指をくわえてマグロのボイルを見ていると、松ちゃんが出てきて、痛みはかなり治まったと言っている。みんなに悪いと思ってがまんしているのかと思い、「ほんまに？」と何回も聞くと大丈夫そう。これは最後に大どんでん返しか？

　トリが急に同じ方向に向かう。その方向にフネを進めると、数尾のマグロがジャンプする。そこにフネをそーっと近づけるとボイルが大きくなってきて、スーパーボイルになる。

　多くのプレジャーボートは、単発のボイルでもフルスロットルで向かうので、ボイルを沈めてしまう。全国のマグロポイントでも問題になっていることだ。何度かいいボイルに遭遇したが、フネが近づくと沈んでしまい、残念ながらヒットはなかった。

　帰りがけ、白崎のアシカ周辺でも、雨が降ったようにイワシがピチャピチャとしていた。全員でTGベイトを落とすと、石川さんがマダイをヒットさせた。

　その後、ジギングではヒッ

(右)絶好調の石川さんのロッドがいい感じで曲がる
(下)東京湾ではアオイソメで釣るターゲットのシログチも、ジグにヒットしてきた

ジグに食ってきたマダイ。もう石川さんの勢いは誰も止められない

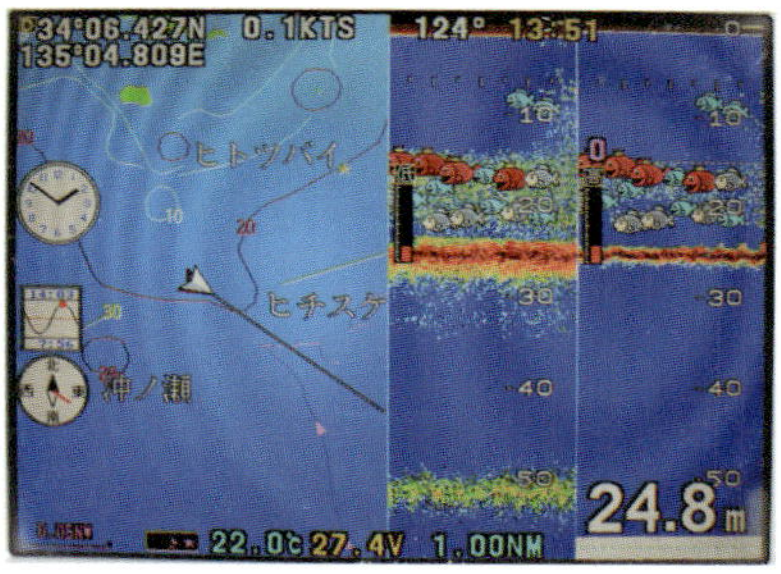

こんな反応のきは、落とし込み釣りのチャンス。みなさんのフィールドでもチャレンジしてみてほしい

トがないので、石川さんが落とし込みを始める。見ていると楽しそうなので、僕も仕掛けを借りる。ジギングロッドに市販のノマセサビキを装着して投入。すると、すぐに穂先がブルブル震える。上げたいのをがまんして、海底まで落として待つ。フィッシュイーターが近づくと、ベイトが逃げてサオ先が騒がしくなる。

しかし、掛かったのがウルメイワシやサバのためか食い込まない。そんな中、石川さんが前日に続いてヒットさせた。それも、ヒキからしてヒラメのようだ。そしてなんと、前日より大きなヒラメが上がってきた。２日連続のヒラメゲットで、石川さんには最高の釣行となっただろう。

２日間で釣れた魚種は、ヒラメ、マダイ、イサキ、オジサン、オオモンハタ、アカハタ、カサゴ、ゴマサバ、マルソウダ、シログチ、サバフグ、エソ、アカエソなど10種類以上と、とてもにぎやかな釣行となった。

今回の釣行は石川さんの独壇場。松ちゃんは結石でダウンしていたから仕方がない。それにしても立派なヒラメだ

グルメ釣行2日目の釣果。鮮魚店でもなかなか見られない、高級魚のオンパレードである。これにマグロが加わるのは、いつの日か……

ほかにはこんな小サバが掛かってくる。良型のヒラメなら、このサイズでも丸呑みにしてしまうはずだが

僕も仕掛けを借りてノマセサビキの落とし込み釣りにチャレンジするが、エサがウルメイワシのせいか、肝心のフィッシュイーターからのシグナルは訪れなかった

今回のミッション達成率

100%

今回のミッションは、オーナーの石川さんがゲットしたマダイやヒラメの高級魚のほか、みんなでおいしい魚をたくさん釣って味わったので、満点の100％達成！ 本当に楽しい２日間でした。

興奮度MAX！
近海のビッグゲーム!!

MISSION 10

神奈川県・相模湾 キャスティングでねらうマグロ

**オフショアルアーゲームにおける
究極のターゲットといえば、やはりマグロだろう。
ボートとタックルの進化により、
今や、クロマグロやキハダをマイボートから釣るのは夢物語ではない。
本書収録の最後は、近海の強敵に挑む！**

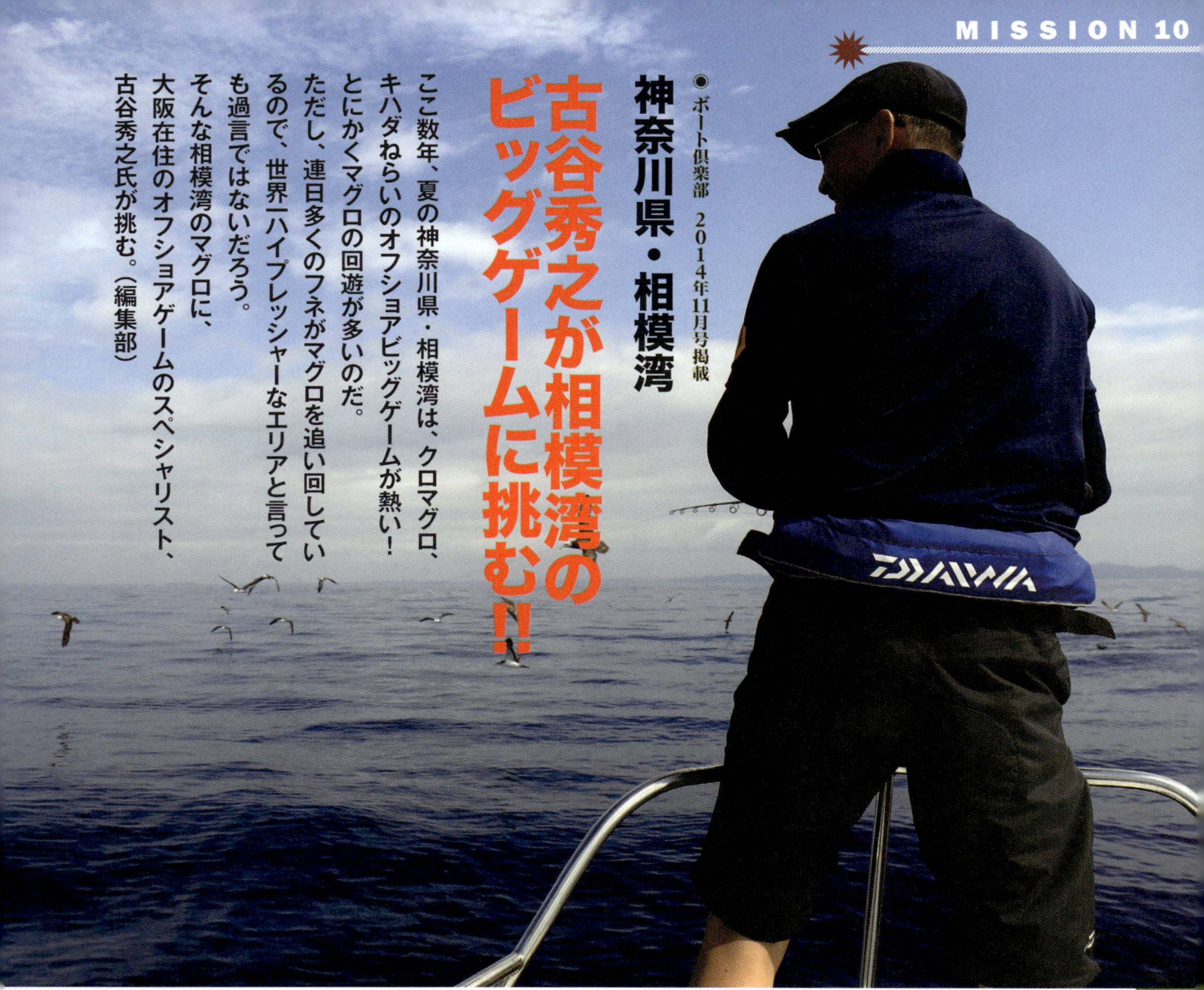

◉ボート倶楽部　2014年11月号掲載

神奈川県・相模湾

古谷秀之が相模湾のビッグゲームに挑む!!

ここ数年、夏の神奈川県・相模湾は、クロマグロ、キハダねらいのオフショアビッグゲームが熱い！とにかくマグロの回遊が多いのだ。ただし、連日多くのフネがマグロを追い回しているので、世界一ハイプレッシャーなエリアと言っても過言ではないだろう。そんな相模湾のマグロに、大阪在住のオフショアゲームのスペシャリスト、古谷秀之氏が挑む。（編集部）

今やマグロゲームの聖地、相模湾に遠征釣行

数年前から相模湾が気になっていた。僕のホームグラウンドである和歌山県周辺にもキハダは毎年回遊してくるのだが、黒潮が近く潮が速いためにベイトが流されてしまい、釣期が長続きしない。相模湾は、黒潮に乗ってきたキハダが豊富なイワシに着く。しかも湾内だけに潮が緩いので、長く居着くのだろう。サイズもアベレージで25キロくらい、大きいものでは50キロオーバーも上がっている。

実はシミズ記者に、

「相模湾に出張するので、マグロをねらっているボートオーナーはいないかな?」

と、以前から相談していた。

そしてこの8月、

「いいオーナーさんがいらっしゃるので、取材を決行しましょう!」

と、うれしい連絡が。

しかし、8月は台風が連続して接近し、すべてキャンセルに……。ところが、9月になってもまだマグロが釣れているので、今回の取材と相成った。

9月3日、関空から羽田へ飛ぶ。そこでシミズ記者と合流し、神奈川県は三浦半島の先端、三崎町へ。夕食は、全国でも有数のマグロの水揚げ量を誇る三崎漁港近くの、シミズ記者オススメのマグロ丼屋さん。

「マグロを食べて、釣る前にやっつけましょう!」

と、シミズ記者。そのマグロのおいしいこと!

「今まで食べたマグロ丼は、なんやったん?」

夕食後は三崎町にマンションを持つ、今回のボートオーナーである田坂誠悟さ

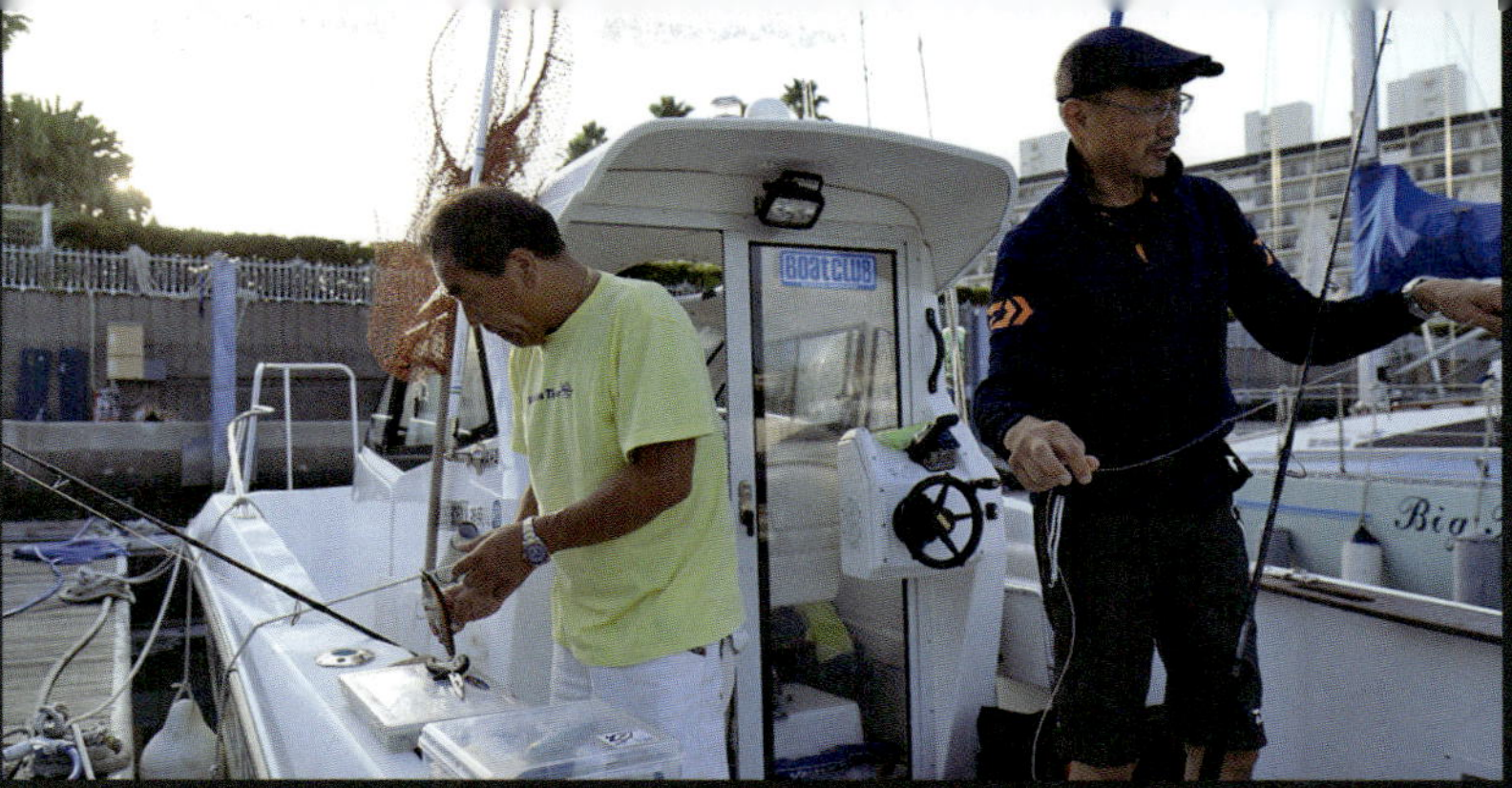

初めての釣り場、しかもプレジャーボートでマグロねらい。タックルの準備は、マグロとのファイトを想定して入念に行った

相模湾のマグロ事情と今回のエリア

相模湾では、2010年ごろからマグロ（クロマグロ、キハダ）の回遊が安定しており、その数も非常に多い。しかも、いわゆる“メジ”と呼ばれる小型ではなく、クロマグロもキハダも20キロオーバーがねらって釣れる状況で、100キロ級が釣れたという情報もあるほど。首都圏から日帰りで大型マグロがねらえる、夢のようなエリアなのだ。しかし、それゆえに連日多くのアングラーが相模湾を訪れるため、マグロへのプレッシャーは計り知れない。

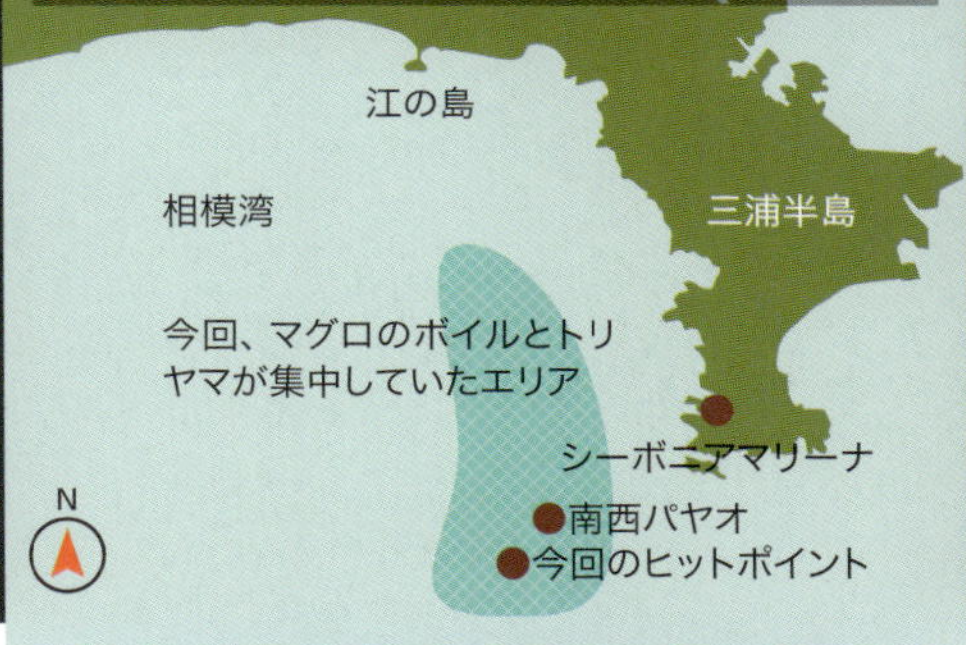

田坂さんがボートを保管するのは、神奈川県・三浦半島の先端付近に位置する老舗、シーボニアマリーナ

今回のボートは、〈ホワイトタイガーIII Jr.〉（ヤマハYF－24）。波切りがよく船足も速いので、ナブラを追いかけるには最適！

オーナーの田坂誠悟さん。僕とほぼ同年代で、カジキのトローリングでは有名人。マグロも、昨年は7尾も上げたエキスパートだ

んのお部屋に向かう。ご厚意に甘えて泊めてもらうことにしたのだ。相模湾を一望できる素晴らしいロケーションの部屋で、釣り人同士、釣り談議で盛り上がった。

マグロは多いが ベイトが特定できない

翌朝6時、シーボニアマリーナで山岸カメラマンと合流。出航前にタックルを準備する。

今回のメインタックルは、ロッドがソルティガ TUNA 80S。リールはソルティガ エクスペディション5500Hに、メインラインにPE5号、リーダーにナイロン130ポンドを約2.5メートル。ほかに、50キロオーバーを想定して超ヘビータックルも用意した。

6時半、いよいよ出航。海は油を流したようなベタ凪で、田坂さんの操船で軽快に沖合を目指す。

水深500メートルくらいからが、いよいよマグロゾーンだ。大型のキハダは大陸棚にはあまり入ってこないため、1000メートル以深がポイントとなる。

マリーナから南西に約5マイルほどのパヤオ（以下、南西パヤオ）の近くまで行くと、ミズナギドリがちらほらと見えてきた。このト

マグロは、釣り人をあざ笑うかのようにそこかしこで跳ねて、存在を見せつける。しかし、ルアーにはバイトしない。プレジャーボートや遊漁船の目前でマグロがボイルし、ジャンプを繰り返す。が、目の前に落ちたルアーも完全に無視

今回はボイルが多かったので、フローティングがダメならシンキングでと、手持ちのルアーをほとんど試すことができた

今回のタックルはすべてDAIWA製。メインルアーには、フローティングの14センチから18センチを使用した。単発のボイルが多いので、誘い出しで獲る作戦だった

ロッドはソルティガ TUNA 80S。リールはソルティガ エクスペディション5500H。ラインはPE5号、リーダー130ポンド。大物を想定して、PE8号のタックルも用意

リがいないと、マグロとの遭遇率は低い。

するとトリが急に一方向に飛び始め、その先を見るとマグロのボイルが！　いち早く遊漁船が向かったので、少し離れてトリの方向にボートを向けた。

結構な規模のボイルで、水柱が何発も上がっている。遊漁船はいいところで一斉にルアーをキャストしているが、ヒットはないようだった。

しばらくすると、トリが分かれて僕たちの近くで旋回し始めた。いよいよキャストのときが迫る。数発のボイルが出てもすぐに沈むが、トリはうろうろと水面付近を飛んでいる。キハダの場合、この状態のときに誘い出しで出る確率が高い。ドラドスライダー マイスターエディション18センチを、ショートジャーク気味にダイブさせ、ヒラを打たせる。いつマグロが飛び出してもおかしくない瞬間。緊張で喉が渇く。しかし、ルアーは何事もなく戻ってきた。

トリが散らばったので、相模湾北部にある江ノ島方面へボートを移動。遠くにコマセでのマグロ釣り船団が見える。

ずっと遠くを見ていると、トリが集まって雲のように渦巻いている。これはスーパーボイルとボートを走らせると、1隻の船の周りにトリが集中している。トリヤマの正体はチャミング船だった。生きたカタクチイワシを撒いて、一本釣りでキハダやカツオを釣り上げている。

少し離れたところでもボイルは出ているが、撒いたイワシが逃げてボイルしているので、これをねらうのはよく

あれほどいたトリが、ボイルがないと急に消えてしまう。水面で羽を休めているので、見えにくいのだ

沖縄県・久米島などのパヤオは、近くにキハダやカツオが群れているが、相模湾のパヤオ周りはスレているのか、シイラもバイトしなかった

生きたイワシを撒く、チャミングのカツオ一本釣り漁船も操業。その周りでボイルがあるからといって、近づかないように

マグロ釣りはトリを探すことが一番大事。全員でフネの周り360度を見張る。そのためにも偏光グラスは必需品。目が乾くので、目薬の持参がオススメ

ボイルが収まったあとにイワシのウロコが見えないので、ルアー選択に悩む。後半は、25センチくらいのカマスのような魚を、マグロが追っていた。チャンスだったのだが

ボイルがない時間帯は食事や水分補給。暑い時季の釣りは、体力を消耗する。マグロにも時合があるので、何時間もボイルがないときもある

2日目の昼前、ついにイワシベイトのトリヤマを発見！ 最大のチャンスだったが、僕のルアーにバイトはなかった

ない。早々に違うトリヤマを探すことに。

小さなパヤオの周りでトリが少し群れているので近づくと、4～5キロのキメジやカツオのボイルがあった。小さいルアーを用意していないので、14センチのドラドペンシルRSをキャストすると、一度だけバイトがあったが乗らなかった。

それからも単発のナブラは多かったが、近づいてもすぐに沈んでしまう。沈下系ルアーを沈めたり、ポッパーで誘ったり、あの手この手で攻めるが、相模湾のマグロは手ごわい。

しかも、ボイル後にウロコがないので、ベイトが特定できない。小さいイカやシラスを食っている感じだ。

フライフィッシングで、トラウトが水面に浮く小さなユ

スリカを食うような、そーっと水面に出て長いヒレまでが見える食い方が多く、このパターンが一番難しい。

昨年も、三重沖で50キロオーバーのマグロがいたるところでこの出方をしていたが、手も足も出なかった苦い思い出がよみがえる。ベイトが大きいと食い方も派手で釣りやすいのだが……。

夕方に南西パヤオの南側に移動すると、トリが集まっているのを発見。25センチくらいのベイトがマグロに追われ、マグロがそれをくわえているのまで見えた。ちょうどサンマが逃げるような感じで、ピョンピョンとベイトが跳んでいる。

その先頭にドラドペンシルRS16Fの透明カタクチをキャスト！ これ以上ないところにルアーが入って身構えたがノーバイト。この日一番のチャンスだった。

その後も、あっちでボイル、こっちでボイルと走り回ったが、夕暮れが近づいたのでこの日は終了。釣れなかったけれど、ミヨシでずっと投げ続けることができて、これほどの幸せはなかった。

ついに訪れた感動の瞬間 チームで獲った喜び

翌朝5時半、まだ暗い中、マリーナに向かう。昼すぎから8メートル/秒の南西風が吹く予報で、早上がりが予想される。三浦半島の先端をかわすと、すでに南西風が強くウネリもある。これは早く勝負を決めなければ。

前日の朝イチや夕方にボ

いいところにルアーが入ったが、僕はノーバイト。一方、ボイル後もシンキングペンシルを沈めていた田坂さんに、奇跡のヒット！

初めは慣れたファイトで楽勝かと思ったが、田坂さんは数カ月前に大病を患い、体力が落ちていたため、僕と交代

交代したものの、タックルは万全だがルアーが小さく、飲まれている可能性もあるので、強引なファイトはできない。まして人の魚ですから

ネットとギャフが小さかったので、田坂さんが念のために銛を打つ。勝負あった！

久しぶりにマグロのファイトを楽しめたが、予想外にてこずって、もうフラフラ。キハダの魚体が見えたときはホッとした

田坂さんの銛が決まると、なんと山岸カメラマンは、サメがいるかもしれない海に飛び込み名ショット！ さすがプロです

田坂さんとキハダとの3ショット。田坂さんの涼しげな顔と、疲労困憊の僕の対比が面白い。32キロのグッドサイズ！

イルのあった南西パヤオ付近でトリを探すが、まったく見当たらない。すぐに江ノ島方面に移動してみる。

　この日は白波も出てナブラが見つけづらい。単発のナブラはあるが、波のため全開で走れず、ミヨシは上下が激しく危険だ。これ以上風が強まれば撤収を余儀なくされる。「また今回もマグロはダメか……」と諦めかけた。

　しかし9時ごろからは、予報とは逆にどんどん風が落ちて、前日のようなベタ凪に。このときは神に感謝した。風が落ちるとボイルの数も多くなり、再び南西パヤオ方面に移動すると、この日最大のチャンスが。トリが数十羽水面に固まり、静止状態で羽ばたいている。イワシを捕食しているトリのパターンだ。トリヤマの中では水柱も上がっている。

　シミズ記者の抜群の操船でボイルに近づく。30メートル手前くらいでフルキャスト！ しかし、なんということか、ミズナギドリに絡んでしまい、外すのに手間取ってボイルは沈んでしまった。このときは一転して神を恨んだ。

　しかし、すぐに同様のトリヤマができ、ドラドペンシルRS13Fをトリヤマの中にキャスト。誘い出しで出なかったので、ルアーをそのまま浮かべておく〝ほっとけメソッド〟で待つ。が、いつまでたっても波紋は起こらない。ルアーを回収していると、トモでオーバーゼア ドリフトフォールをカウントダウンしていた田坂さんからヒットコール！

　けたたましいドラグ音でラインが吐き出される。ソルティガ TUNA80Sが、かなりのカーブを描いている。このロッドは50キロオーバー用に、僕がDAIWAに頼んで作ってもらったロッドで、かなり固い。そのロッドがバットまで曲がっているのだ。

　田坂さんは慣れた様子で、グイグイとマグロとの距離を縮めていく。しかし、寄せてもまた走る。そのうち、

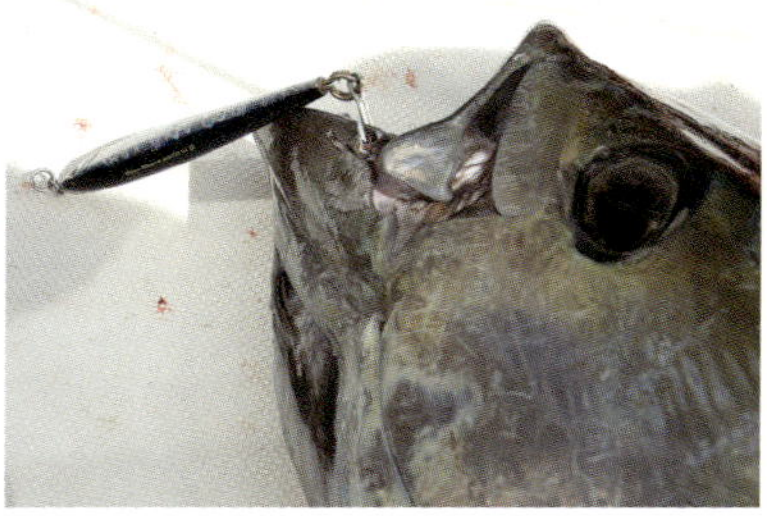

ヒットルアーは、オーバーゼア130Sドリフトフォール

イグルーの160リットルでも尾ビレが入らない。このあと風が上がる予報なので帰港することに

田坂さんに苦悶の表情が。実は、田坂さんは数カ月前に大病を患い、手術したばかりで、体力が落ちていた。僕も6年前に手術を経験したあと、半年くらいはすぐに疲れたものだ。10分くらいで僕に交代する。

人が掛けた魚とのファイトは、バラしたことを思うとできればやりたくないが、厳しい状況でやっとヒットさせたマグロ。なんとしても獲りたい！

マリーナのフィッシュダービー期間中なので、早速キハダをエントリー。なんと暫定1位！

田坂さんのTシャツは、ランディング時に血まみれになってしまった。マグロを抱っこして頬ずり。うらやましい

キハダが大きくて田坂さんが持って帰れないので、マリーナで借りた小さな出刃でマグロを解体。暑くて大変でした

大型プラグに大型フックだと強引なファイトも可能だが、今回は小さいジグミノー。フックも太軸とはいえ1／0。過去に45キロを3分で獲っているが、そのときのフックは4／0、ルアーは23センチで、ラインもPE8号のヘビータックル。今回とは条件がまるで違う。

マグロとのファイトは20分を超えた。今までで一番長いファイトも、57キロのGTで25分。そのときは死ぬかと思ったし、つらすぎてラインが切れてくれとも思った。本当に、また田坂さんに交代してほしいくらいだった。

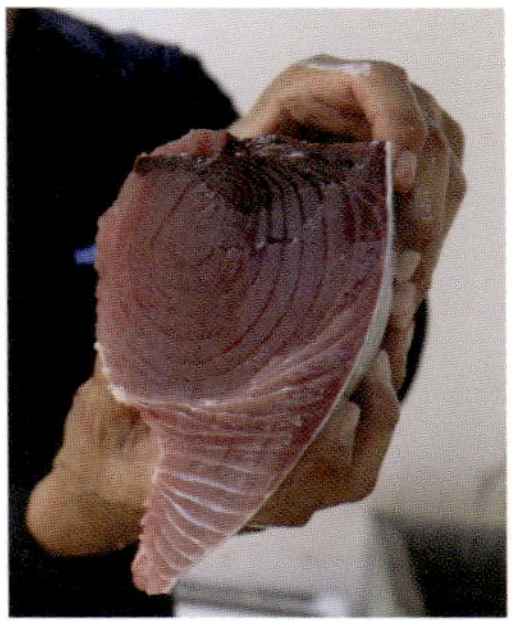
近海のキハダでも、イワシをたっぷり食っているので、皮と身の間の脂がすごい！ 途中で出刃が切れなくなってきた

ボートの真下のファイトはつらいので、ポンピングできるように角度をつけるため、シミズ記者に操船でサポートしてもらう。

少し向こうにキハダのイエローフィンが見えた！ 魚体の黄色いラインがまぶしい!! 一番怖いのはフックがネットに絡むことだ。そこで念のため、銛を用意してもらい、田坂さんが打つ！ 一発で命中!! そこでなんと、山岸カメラマンが海に飛び込む。水中からキハダを撮るためだ。いい写真が撮れたようなので、ついにネットでランディング。

田坂さん、僕をはじめ、全員で抱き合って喜んだ。みんなの顔が、喜びでクシャクシャなのが印象的だった。

昼からは風が吹き上がる予報なので、急いで帰路に就く。次は僕が釣り上げると約束して、相模湾のマグロ釣行は終了となった。素晴らしい海と友人たちに感謝!!

ご褒美に、田坂さんが三崎漁港で一番のマグロ料理店に連れて行ってくれた。この漬け丼は、生涯忘れられない味

タックルはすべて宅配便で送り、旅行気分で帰途に。次こそは釣るぞ〜！

さぁ、マイボートにタックルを積み込んで、
大海原に繰り出そう!!

古谷秀之の
マイボートで楽しむ
オフショアルアーゲーム

2016年11月15日発行　第1版第1刷発行

著者：古谷秀之
発行者：大田川茂樹
発行所：株式会社 舵社
〒105-0013 東京都港区浜松町1-2-17 ストークベル浜松町
電話：03-3434-5181（代表）
03-3434-4531（販売部）
FAX：03-3434-5184

写真：伊藤博昭、清水 岳、宮崎克彦、山岸重彦
イラスト：浜中せつお
デザイン：鈴木洋亮

印刷：（株）大丸グラフィックス

Hideyuki Furuya 2016,Printed in Japan
ISBN 978-4-8072-5127-8
